말씀따라 풀어보는

성경 퀴즈

[구약편 1]

창세기~에스더

이 예언의 말씀을 읽는 자와 듣는 자와
그 가운데에 기록한 것을 지키는 자는 복
이 있나니 때가 가까움이라(계 1:3)

말씀따라 풀어보는 성경 퀴즈(구약1)

초판 2쇄 인　쇄 · 2023년 9월 1일
발　행 · 2023년 9월 6일

엮은이 · 한치호목사
발행인 · 민태근
발행처 · 도서출판 일오삼
주　소 · 서울특별시 중랑구 동일로 107길 12
전　화 · (02)964-6993 / Fax (02) 2208-0153
등　록 · 제 5-485호
메　일 · 153books@hanmail.net

ISBN 978-89-89236-38-2
ISBN 978-89-89236-37-5(세트)

말씀따라 풀어보는 구약 1 (창세기-에스더)

성경퀴즈

머리말

알아맞히기를 퀴즈(quiz)라 한다. 질문을 던지고, 그 질문에 답을 찾아내어 대답하는 것이다. 여기에는 당연히 머리를 쓰는 것과 시간이라는 즐거움이 들어있다. 만일, 여럿이 퀴즈에 참여했다면 누구보다도 빨리 그리고 정확한 답을 꺼내는 게임이다.

교수법에서의 퀴즈는 학생들에게 가르치기 위한 '교사의 구두질문' 정도로 이해되고 있다. 생각하는 머리의 활동이 바로 퀴즈이다. 퀴즈는 자기의 지식을 질문의 힌트에 의해 스피드하게 해답을 강요당하는 것이므로 기억을 되도록 빨리 상기하는 즐거움을 누리도록 한다.

'성경퀴즈'는 사실 성경을 게임에 적용시켜 하나님의 말씀을 가까이 하려는 데 의미가 있다. 요한은 천사로부터 계시를 받을 때, "이 예언의 말씀을 읽는 사람과 듣는 사람들과 그 안에 기록되어 있는 것을 지키는 사람들은 복이 있다."는 말씀을 들었다.

성경은 하나님께서 그의 자녀들에게 주신 복이다. 하나님의 말씀을 읽고, 들으며, 지킬 수 있는 기회가 된다면, 이 기대에 흡족한 것이 바로 성경퀴즈라 여긴다. 그리고 여기에 수록된 많은 문제들은 은혜와 진리가 충만한 퀴즈의 시간으로 우리를 데려다 줄 것이다. 함께 성경의 게임을 즐기도록 하자. 이 책에서 문제를 풀어가는 어휘나 문장은 중학교 2학년 교과서에 나오는 정도를 참고로 하였음을 밝혀둔다.

한치호 목사

목 차

총 [1742]문제

※ 사지선다형 문제의 정답은 고딕체로 표기함

창세기

1. 혼돈, 공허와 관계가 있는 것은 무엇인가요?(1:1)

①지옥 ②**태초의 땅** ③천국 ④물과 뭍이 섞임

2. 생육하고 번성하라 하신 이유는 무엇인가요?(1:22)

①**충만하도록** ②죽을까하여

③먹잇감이 되도록 ④귀하기 때문에

3. 하나님은 누구의 형상으로 사람을 만드셨나요?(1:27)

①사람 ②우리 ③**하나님** ④너희

4. 푸른 풀을 먹을거리로 받지 못한 대상은 누구인가요?(1:30)

①땅에 기는 모든 것 ②**사람** ③하늘을 나는 것 ④곤충

5. 하나님은 창조하시는 일을 언제 마치셨나요?(2:2)

①마치지 않으심 ②여섯째 날 ③저녁에 ④**일곱째 날**

6. 하나님께서 동방의 어디에 동산을 지으셨나요?(2:8)

①**에덴** ②아라랏산 ③시온산 ④갈릴리

7. 남자에게서 취하였은즉 (　　)라 부르리라, 들어갈 말은?(2:23)

①부모　②하와　③**여자**　④남자

8. 두 사람이 벌거벗었으나 어떻게 했다고 했나요?(2:25)

①**부끄러워하지 않음**　②숨음

③나뭇잎으로 가림　④부끄러워함

9. 너희가 결코 죽지 아니하리라는 누가 누구에게 한 말인가?(3:4)

①**뱀, 여자**　②사탄, 뱀　③여자, 뱀　④뱀, 아담

10. 아담은 무엇 때문에 두려워서 숨었다고 했나요?(3:10)

①두려워서　②뱀이 무서워서　③**벗었으므로**　④몸이 보여서

11. 여자와 원수가 되어 머리를 상하게 되는 존재는 누구인가?(3:15)

①아담　②**뱀**　③천사　④들짐승

12. 다음의 낱말들에서 서로 관련이 없는 것은 무엇인가요?(3:24)

①에덴 동산 동쪽　②**연기**　③그룹들　④생명나무의 길

13. 여호와로 말미암아 득남하였다는 누구를 가리킨 말인가?(4:1)

①아벨　②**가인**　③아담　④셋

14. 누구의 핏소리가 땅에서부터 하나님께 호소했나요?(4:10)

①아담 ②가인 ③**아벨** ④하와

15. 여호와 앞을 떠나서 에덴 동쪽 놋 땅에 거주한 사람은?(4:16)

①에녹 ②라멕 ③**가인** ④씰라

16. 라멕을 위하여는 벌이 몇 배나 되게 하였나요?(4:24)

①49배 ②7배 ③**77배** ④12배

17. 아담이 자기의 형상과 같은 아들을 낳았는데 그의 이름은?(5:3)

①가인 ②**셋** ③에녹 ④아벨

18. 아담의 아들 셋의 손자는 누구인가요?(5:6,9)

①므두셀라 ②야렛 ③라멕 ④**게난**

19. 누가 하나님과 300년을 동행하였나요?(5:22)

①**에녹** ②므두셀라 ③라멕 ④노아

20. 우리를 이 아들이 안위하리라라는 뜻을 가진 사람은?(5:29)

①에녹 ②므두셀라

③라멕 ④**노아**

21. 하나님의 아들들이 사람의 딸들을 어떻게 했나요?(6:2)

①쫓아냄 ②저주함 ③**아내로 삼음** ④희롱함

22. 다음에 열거되는 낱말들과 관계없는 것은 무엇인가요?(6:9)

①**아벨** ②노아 ③완전한 자 ④의인

23. 칸들을 막고 역청을 그 안팎에 칠하라는 무엇인가?(6:14)

①짐승들의 움막 ②**방주** ③노아의 집 ④창고

24. 혈육있는 모든 생물들은 얼마씩 방주에 들어가게 하셨나요?(6:19)

①**암수 한 쌍씩** ② 암수 두 쌍씩

③암수 셋 쌍씩 ④ 암수 네 쌍씩

25. 하나님께서 홍수로 땅에 비를 얼마나 내리셨나요?(7:4)

①120일 ②40일 ③7일 ④**40주야**

26. 홍수가 땅에 있을 때에 노아의 나이는 몇 살이었나요?(7:11)

①**600살** ②60살 ③100살 ④120살

27. 물이 불어서 얼마나 오르니 높은 산들이 잠겼나요?(7:20)

①40 규빗 ②**15 규빗** ③120 규빗 ④60 규빗

28. 홍수가 났을 때 물이 며칠 동안 땅에 넘쳤나요?(7:24)

①120일 ②**150일** ③40일 ④105일

29. 하늘에서 비가 그치고 물이 줄어들기 시작한 기간은?(8:3)

①120일 ②**150일** ③40일 ④105일

30. 감람나무 새 잎사귀를 입에 물고 온 것은 무엇인가요?(8:11)

①**비둘기** ②고양이 ③벌 ④까마귀

31. ( )에서 생육하고 ( )에서 번성하리라에 들어갈 말은?(8:17)

①들 ②산 ③바다 ④**땅**

32. 여호와께서 그 ( )를 받으시고에서 들어갈 말은 무엇인가?(8:21)

①기도 ②**향기** ③피 ④제사

33. 노아와 그 아들들의 손에 붙여주지 않으신 것은 무엇인가?(9:2)

①**하늘의 별들** ②공중의 새

③바다의 물고기 ④땅의 짐승

34. 하나님께서 세상과의 사이에 언약의 증거로 주신 것은?(9:13)

①큰 별 ②구름 ③**무지개** ④비

35. 노아의 세 아들들로부터 온 땅에 무엇이 퍼졌나요?(9:19)

①**사람들** ②하나님의 말씀

③농사짓는 일 ④제사를 드리는 것

36. 노아가 포도주에 취해 벌거벗은 몸을 본 사람은 누구인가?(9:22)

①셈 ②노아의 아내 ③야벳 ④**함**

37. 야벳의 아들이 아닌 사람은 누구인가요?(10:2)

①고멜 ②야완 ③**붓** ④두발

38. 세상에 첫 용사라 불린 사람은 누구인가요?(10:8)

①셈 ②**니므롯** ③함 ④야벳

39. 함의 자손이 아닌 사람은 누구인가요?(10:16-18)

①히위 족속 ②**모압 족속** ③아모리 족속 ④여부스 족속

40. 셈의 자손이 아닌 사람은 누구인가요?(10:21-31)

①엘람 ②**구스** ③아람 ④셀라

41. 노아의 후손은 동방으로 옮겨 어디에서 지냈나요?(11:2)

①시내 광야 ②**시날 평지** ③골란 고원 ④갈릴리

42. 언어의 혼잡으로 도시의 건설이 중단되어 붙여진 이름은?(11:9)

①여호와의 동산 ②**바벨** ③시날 ④동방

43. 데라가 낳은 아들이 아닌 사람은 누구인가요?(11:27)

①아브람 ②나홀 ③하란 ④**롯**

44. 데라가 자손의 일부를 데리고 우르를 떠나 머무른 곳은?(11:31)

①**하란** ②요단 ③에덴 동편 ④가나안

45. 너의 고향과 친척 아버지의 집을 떠나는 누가 들은 말인가?(12:1)

①데라 ②나홀 ③**아브람** ④사래

46. 아브람에게 '내가 이 땅을 네 자손에게 주리라'하신 곳은?(12:5,7)

①시날 ②하란 ③**가나안** ④애굽

47. 아브람은 애굽 사람에게 사래를 누구라고 소개 했나요?(12:13)

①친척 ②**누이** ③딸 ④하녀

48. 애굽 사람들은 사래를 누구에게로 데려갔나요?(12:15)

①애굽의 신 ②**바로 왕**

③바로의 신하 ④애굽의 고관들

49. 가축과 은과 금이 풍부하였더라는 누구에 대한 말인가?(13:2)

①**아브람** ②애굽 사람들 ③바로 ④롯

50. 네가 좌하면 나는 우하고는 누가 한 말인가요?(13:8-9)

①롯 ②천사 ③바로 ④**아브람**

51. 그 장막을 옮겨 소돔까지 이르렀던 사람은 누구인가요?(13:12)

①소돔 사람들 ②아브람 ③아브람의 목자들 ④**롯**

52. 네 자손이 땅의 티끌 같게 하리니에서 네 자손은 누구의 자손?(13:16)

①**아브람** ②데라 ③롯 ④바로

53. 다음의 사람들과 관련이 없는 다른 한 사람은 누구인가요?(14:1)

①**바로** ②아므라벨 ③그돌라오멜 ④엘라살

54. 소돔 왕과 고모라 왕이 달아날 때 어디에 빠졌나요?(14:10)

①진흙 골짜기 ②염전

③**역청 구덩이** ④네게브 사막

55. 아브람이 롯을 구하기 위해 단까지 함께 갔던 군사는 몇 명인가?(14:14)

①118 명 ②**318 명** ③310 명 ④300 명

56. 사람은 내게 보내고 물품은 네가 가지라는 누가 한 말인가?(14:21)

①**소돔 왕** ②롯

③엘라살 왕 ④엘람 왕

57. 아브람은 자신의 상속자를 누구라고 여겼었나요?(15:2)

①사래 ②**엘리에셀** ③롯 ④살렘 왕

58. 이 땅을 네게 주어 소유를 삼게 하려고에서 이 땅은?(15:7)

①천국 ②이 세상 ③애굽 ④**가나안**

59. 네 자손이 이방에서 객이 되어에서 이방은 어디인가요?(15:13)

①**애굽** ②소돔 ③모압 ④바벨론

60. 네 자손은 몇 대 만에 이 땅으로 돌아올 것이라고 했나요?(15:16)

①**사대** ②삼대 ③사십대 ④칠대

61. 사래의 여종 하갈은 어디에서 온 사람이었나요?(16:1)

①모압 ②이디오피아 ③**애굽** ④바벨론

62. 하갈이 아브람과 동침하여 임신을 하자 누구를 멸시했나요?(16:4)

①아브람 ②엘리에셀 ③**사래** ④이삭

63. 그가 사람 중에 (　　) 같이 되리니에서 들어갈 말은?(16:12)

①사자　②염소　③**들나귀**　④낙타

64. 아브람은 하갈에게서 낳은 아기의 이름을 무어라 했나요?(16:15)

①엘리에셀　②**이스마엘**　③이삭　④하갈

65. 이르시되 나는 (　　) 하나님이라에서 들어갈 말은?(17:1)

①위대한　②두려운　③진노하는　④**전능한**

66. 하나님께서는 아브람과의 사이에 무엇을 두기 원하셨나요?(17:2)

①율법　②**하나님의 언약**

③하나님의 명령　④부자가 되게 하심

67. 하나님께서는 사래의 이름을 어떻게 바꾸셨나요?(17:15)

①하갈　②이삭　③**사라**　④어머니

68. 아브라함이 포피를 베어 할례를 받은 때의 나이는?(17:24)

①91세　②**99세**　③90세　④100세

69. 여호와께서 아브라함에게 나타나실 때 그가 본 것은?(18:2)

①엘리에셀　②**세 사람**　③많은 천사들　④사라

70. 네 아내 사라에게 (   )이 있으리라에서 들어갈 말은?(18:10)

①돈 ②부귀 ③딸 ④**아들**

71. 소돔과 고모라에 무엇이 심히 무겁다고 했나요?(18:20)

①우상의 사당 ②**죄악** ③사람들의 다툼 ④인구가 많음

72. 아브라함은 의인을 찾으면서 마지막으로 요청한 숫자는?(18:32)

①1명 ②30명 ③40명 ④**10명**

73. 롯이 두 천사에게 대접한 것은 무엇이었나요?(19:3)

①**구운 무교병** ②닭 ③볶은 곡식 ④송자지 요리

74. 다음의 낱말들에서 관련이 없는 것은 무엇인가요?(19:17)

①이끌어 ②**엎드림** ③도망하여 ④머물지 말고

75. 롯과 두 딸은 소알에서 나와 어디에서 지냈나요?(19:30)

①**굴** ②소돔 ③여리고 ④고모라

76. 롯의 두 딸이 아버지에게서 낳은 아들의 이름은?(19:37-38)

①이삭, 모압 ②모압, 이스마엘

③**모압, 벤암미** ④소알, 벤암미

77. 아브라함은 어느 땅에 있는 가데스와 술 사이에 살았나?(20:1)

①**네게브** ②소알 ③마므레 ④그랄

78. 그랄 왕은 사람을 보내어 누구를 아브라함에게서 데려갔나요?(20:2)

①아브라함 ②하갈 ③롯 ④**사라**

79. 아브라함이 너를 위하여 기도하리니, 여기에서 너는 누구인가요?(20:7)

①엘리에셀 ②이삭 ③사라 ④**아비멜렉**

80. 아비멜렉의 임신하지 못하던 아내가 출산하게 된 까닭은?(20:17)

①의사의 치료 ②자연히

③**아브라함의 기도** ④산신령의 마술

81. 이삭이 아브라함에게 태어날 때 그의 나이는 몇세 인가요?(21:5)

①99세 ②101세 ③**100세** ④90세

82. (   )에게서 나는 자라야 네 씨라에서 들어갈 말은?(21:12)

①사라 ②**이삭** ③하갈 ④이스마엘

83. 하갈과 이스마엘이 거주한 곳은 어디인가요?(21:21)

①**바란 광야** ②요단 골짜기 ③시내 광야 ④마므레

84. 아브라함과 아비멜렉이 우물을 두고 언약을 세운 곳은?(21:31)

①니므롯 ②그랄 ③**브엘세바** ④소알

85. 하나님께서 이삭을 번제로 드리라고 하신 곳은 어디인가?(22:2)

①**모리아** ②시내 ③모압 ④바란

86. 다음의 낱말 들 중에서 관계가 없는 것은 무엇인가요?(22:6)

①불 ②**어린 양** ③칼 ④번제 나무

87. 아브라함이 아들을 대신하여 번제로 드린 것은 무엇인가?(22:13)

①숫염소 ②어린 양 ③향기 나무 ④**숫양**

88. 네 씨로 말미암아 누가 이 복을 받는다고 하였나요?(22:18)

①**천하 만민** ②너의 집

③너와 너의 후손 ④이스라엘

89. 아브라함의 부인 사라는 몇 살까지 살고 죽었나요?(23:1)

①107세 ②100세 ③**127세** ④77세

90. 아브라함은 사라가 장사 될 굴을 누구에게 받았나요?(23:10-11)

①**에브론** ②가나안 왕 ③소할 ④헷 족속의 촌장

91. 아브라함은 사라의 무덤으로 어디를 원하였나요?(23:9,13)

①헷 족속의 묘실 ②**막벨라 굴** ③헤브론의 들 ④포도원

92. 다음의 낱말들에서 연결되지 않는 것은 무엇인가요?(23:16-17)

①은 사백 세겔 ②막벨라 ③**엘리멜렉** ④에브론

93. 여호와께서 아브라함에게 어떻게 복을 주셨나요?(24:1)

①기도에 응답해서 ②복된 행동을 하여

③**범사에** ④어려울 때마다

94. 종이 그의 주인 아브라함의 어디에 손을 넣고 맹세하였나?(24:9)

①허리춤 ②**허벅지 아래** ③신발 ④무릎 사이

95. 아브라함의 종에게 물을 주어 마시게 한 소녀는 누구인가?(24:17-18)

①베두인 ②하갈 ③**리브가** ④브두엘의 아내

96. 리브가가 눈을 들어 ( )을 바라보고에서 들어갈 말은?(24:64)

①**이삭** ②가나안 ③엄청난 재산을 ④아브라함

97. 아브라함이 이삭에게 준 것은 무엇이었나요?(25:5)

①하인 ②**모든 소유** ③돈 ④장자의 몫

98. 아브라함이 죽고 브엘라해로이 근처에 누가 거주하였나?(25:11)

①엘리에셀 ②야곱 ③**이삭** ④에서

99. 리브가가 임신하지 못하자 이삭이 취한 행동은 무엇인가?(25:21)

①약초를 구해 먹임 ②**하나님께 기도** ③기다림 ④다시 결혼함

100. 장자의 명분이 내게 무엇이 유익하리요는 누가 한 말인가?(25:32)

①아브라함 ②야곱 ③이삭 ④**에서**

101. 이삭에게 어디로 내려가지 말고 지시한 땅에 머물라고 했나?(26:2)

①**애굽** ②그랄 ③마므레 ④가나안

102. 아내를 어찌 네 누이라 하였느냐는 누가 누구에게 한 말인가?(26:9)

①비골, 아비멜렉 ②**아비멜렉, 이삭**

③이삭, 아비멜렉 ④이삭, 비골

103. 우물 때문에 이삭의 목자들에게 시비를 건 사람들은 누구인가?(26:20)

①블레셋 사람 ②**그랄 목자들** ③비골의 신하들 ④에서의 후손

104. 이삭과 리브가의 마음에 근심이 되었던 것은 무엇인가요?(26:35)

①**에서의 결혼** ②이삭이 병듦 ③야곱의 장래 ④ 야곱의 결혼

105. 이삭이 즐겨먹는 별미를 먹고싶다고 누구에게 말했나요?(27:4)

①아브라함 ②**에서** ③야곱 ④리브가

106. 아버지를 속여 이삭이 축복을 받도록 한 사람은 누구였나요?(27:12-13)

①아비멜렉 ②**리브가** ③야곱 ④이삭 스스로

107. 에서가 받아야 될 복을 빼앗은 사람은 누구였나요?(27:35)

①**야곱** ②에서 ③이삭 ④리브가

108. 야곱에게 '내 말을 따라 일어나 하란으로 가라'는 누가 한말인가?(27:43)

①**리브가** ②에서 ③이삭 ④야곱

109. 이삭은 누구에게 허락하신 복을 야곱에게도 주라고 축복했나요?(28:4)

①이삭 ②**아브라함** ③노아 ④이삭

110. 야곱이 꿈에 본 사닥다리의 꼭대기가 닿았던 곳은?(28:12)

①구름 ②천사들 ③천국 ④**하늘**

111. 이삭은 아침에 일어나서 무엇으로 기둥을 세웠나요?(28:18)

①**베개로 삼았던 돌** ②주운 돌

③나무 ④갖고 있던 돌

112. 야곱은 아침에 일어나서 그곳의 이름을 무어라 했나요?(28:19)

①브엘세바 ②**벧엘**

③아람 ④루스

113. 야곱이 우물가에서 누구에게 입 맞추고 소리 내어 울었나?(29:11)

①이삭 ②라반 ③**라헬** ④야곱

114. 라반의 딸인 레아와 라헬 중에서 누가 언니인가요?(29:16)

①라헬 ②쌍둥이 ③실바 ④**레아**

115. 야곱이 라헬을 사랑해서 얼마 동안을 더 일하였나요?(29:30)

①7일 ②12년 ③**7년** ④7달

116. 여호와를 찬송하리로다 라는 뜻은 누구의 이름인가요?(29:35)

①시므온 ②**유다** ③르우벤 ④레위

117. 아들을 낳지 못하여 야곱에게 투정을 부린 사람은 누구인가?(30:1)

①레아 ②실바 ③**라헬** ④빌하

118. 내가 내 아들의 합환채로 당신을 샀노라는 누가 한 말인가?(30:16)

①빌하 ②**레아** ③실바 ④라헬

119. 양을 가려낼 때 다음 낱말들에서 연결되지 않는 것은 무엇인가요?(30:32)

①검은 것 ②아롱진 것 ③**튼튼한 것** ④점 있는 것

120. 약한 것은 ( )의 것, 튼튼한 것은 ( )의 것에 들어갈 말은?(30:42)

①야곱, 라반 ②야곱, 야곱

③라반, 라반 ④**라반, 야곱**

121. 야곱에게 네 조상의 땅, 네 족속에게로 돌아가라는 누가 한 말인가?(31:3)

①라반 ②라반의 아들들 ③**하나님** ④라반의 딸들

122. 하나님은 야곱에게 나타나 어떤 하나님이라 하셨나요?(31:13)

①네 조상의 ②**벧엘의** ③너의 ④아브라함의

123. 라반의 드라빔을 도둑질한 사람은 누구였나요?(31:19)

①레아 ②르우벤 ③**라헬** ④유다

124. 라반은 여갈사하두다라 불렀고, 야곱이 붙인 이름은?(31:47)

①벧엘 ②루스 ③**갈르엣** ④아람

125. '하나님의 군대'라는 뜻을 가진 이름은 무엇인가요?(32:2)

①이스라엘 ②브니엘 ③벧엘 ④**마하나임**

126. 야곱은 오랜만에 만나는 형을 위하여 어떻게 했나요?(32:13)

①**예물을 준비함** ②몸을 씻음 ③돈을 준비함 ④새 옷을 입음

127. 야곱은 어디에서 홀로 남아 있었나요?(32:22,24)

①골짜기 ②**얍복 나루** ③세일 땅 ④밧단 아람

128. 씨름했던 사람이 야곱에게 붙여준 새 이름은 무엇인가요?(32:28)

①여호와닛시 ②**이스라엘** ③여호와이레 ④브니엘

129. 에서가 거느리고 온 장정들은 모두 얼마나 되었나요?(33:1)

①사십 명 ②백 명 ③천 명 ④**사백 명**

130. 야곱은 에서에게로 나아갈 때 몇 번 몸을 굽혔나요?(33:3)

①네 번 ②열 번 ③**일곱 번** ④세 번

131. 네 소유는 네게 두라는 누가 누구에게 한 말인가요?(33:9)

①야곱, 에서 ②에서, 유다

③르우벤, 야곱 ④**에서, 야곱**

132. 에서는 세일로 돌아가고 야곱은 어디에 이르렀나요?(33:16-17)

①밧단아람 ②루스 ③**숙곳** ④벧엘

133. 추장 세겜이 강간하여 욕되게 한 야곱의 딸은 누구인가?(34:2)

①**디나** ②빌하 ③실바 ④라헬

134. 야곱의 사람들과 세겜 사람들의 결혼을 주장한 사람은?(34:8-9)

①세겜 ②야곱 ③**하몰** ④시므온

135. 야곱의 아들들이 디나와 세겜과의 결혼에 요구한 것은?(34:14-16)

①세겜의 땅 ②**남자들의 할례** ③세겜의 여자들 ④보상금

136. 세겜 성읍의 모든 남자들이 아파할 때 누가 죽였나요?(34:25)

①르우벤, 레위 ②유다, 시므온

③잇사갈, 유다 ④**레위, 시므온**

137. 하나님은 야곱에게 나타나 어디로 올라가라 재촉하셨나요?(35:1)

①가나안 ②**벧엘** ③숙곳 ④얍복 나루

138. 야곱이 함께한 사람들에게 요구한 것에 해당되지 않는 것은?(35:2)

①정결하게 함 ②신상 버림 ③**죄를 회개** ④의복바꿈

139. 야곱은 라헬이 죽자 어디에 장사지냈나요?(35:19)

①소돔 ②**에브랏(베들레헴)** ③벧엘 ④막벨라 굴

140. 야곱은 어디로 가서 아버지 이삭을 만났나요?(35:27)

①베들레헴 **②마므레** ③숙곳 ④벧엘

141. 가나안 여인 아다와 오홀리바마와 결혼을 한 사람은?(36:2)

①야곱 ②유다 ③시므온 **④에서**

142. 오홀리바마가 낳지 않은 에서의 아들은 누구인가요?(36:5)

①단 ②여우스 ③얄람 ④고라

143. 에돔 족속의 조상인 에서는 어디에서 살았나요?(36:8)

①시내 산 ②느보 산

③세일 산 ④아골 골짜기

144. 에서에게서 나온 족장들의 이름에 해당되지 않는 것은?(36:41-43)

①딤나 ②데만 **③그두라** ④이람

145. 형들과 함께 양을 칠 때 요셉의 나이는 몇 살이었나요?(37:2)

①15세 ②27세 **③17세** ④21세

146. 이르되 꿈 꾸는 자가 오는도다는 누구를 가리킨 말인가?(37:18-19)

①요셉 ②르우벤 ③베냐민 ④유다

147. 형들은 요셉을 이스마엘 사람들에게 얼마에 넘겨졌나요?(37:28)

①금 이십 ②은 30세겔

③금 30세겔 ④**은 이십**

148. 형들은 무엇으로 요셉의 옷에 피를 묻혀 죽은것 처럼 하였나?(37:31)

①**숫염소** ②수양 ③양의 새끼 ④어린 나귀

149. 유다의 자녀에 해당되지 않는 사람은 누구인가?(38:3-5)

①엘 ②**수아** ③오난 ④셀라

150. 다말은 친정으로 가서 누가 자랄 때까지 기다렸나요?(38:11)

①**셀라** ②오난 ③엘 ④베레스

151. 유다가 다말에게 담보물로 주지 않은 것은 무엇인가요?(38:18)

①**돌** ②도장 ③끈 ④지팡이

152. 베레스, 세라 쌍둥이를 낳은 사람은 누구인가요?(38:24, 29-30)

①사라 ②디나 ③레아 ④**다말**

153. 여호와께서 요셉과 함께 하심을 본 사람은 누구인가요?(39:3)

①**보디발** ②이스마엘 사람 ③유다 ④르우벤

154. 큰 악을 행하여 하나님께 죄를 지지 않겠다고 한 사람은 누구?(39:9)

①**요셉** ②보디발의 아내 ③간수장 ④보디발

155. 요셉이 옥에 갇혔을 때, 그 옥에는 누가 갇혀 있었나요?(39:20)

①국가적 범죄자 ②**왕의 죄수** ③외국인 죄수 ④흉악범

156. 간수장은 옥중의 죄수를 누구의 손에 맡겼다고 했나요?(39:22)

①보디발 ②애굽인 ③유다 ④**요셉**

157. 요셉은 꿈의 해석은 오로지 누구에게 있다고 하였나요?(40:8)

①친위대장 ②주인 ③**하나님** ④바로

158. 다음의 낱말들에서 연결되지 않는 것은 무엇인가요?(40:9-10)

①포도나무에 세 가지 ②포도의 즙 ③**새들** ④바로의 잔

159. 세 가지, 세 광주리 등의 해석은 무엇이라 했나요?(40:12, 18)

①30일 ②**3일** ③3년 ④3달

160. 전직을 회복해서 바로를 섬긴 사람은 누구였나요?(40:21)

①**술 맡은 관원장** ②친위대장

③떡 굽는 관원장 ④보디발

161. 살진 일곱 암소가 갈밭에서 뜯어먹는 꿈을 꾼 사람은?(41:1-2)

①요셉 ②술 맡은 관원장 ③**바로** ④친위대장

162. 바로의 꿈을 해석하는 자가 없을 때 요셉을 기억한 사람은?(41:9-12)

①보디발 ②**술 맡은 관원장** ③궁중의 신하 ④친위대장

163. 하나님은 그가 하실 일을 바로에게 어떻게 보이셨나요?(41:25)

①큰 음성으로 ②**꿈으로**

③사건으로 ④자연의 현상으로

164. 여러 나라에서 양식을 사려고 누구에게 왔나요?(41:57)

①친위대장 ②**요셉** ③보디발 ④바로

165. 요셉의 형 열 사람이 애굽으로 간 까닭은 무엇인가요?(42:3)

①**곡식사러** ②요셉을 만나러 ③양을 팔려고 ④양떼를 먹이려

166. 요셉의 형들이 곡식을 사러와서 누구에게 엎드려 절하였나?(42:6)

①바로 ②궁궐을 맡은 자 ③**요셉** ④바로의 신하

167. 요셉은 형들에게 베냐민을 데려 오도록 붙잡아 둔 자는?(42:24)

①유다 ②레위 ③르우벤 ④**시므온**

168. 아들의 목숨을 담보로 베냐민을 자신의 손에 맡겨달라고 한 사람은?(42:37)

①유다 ②레위 ③**르우벤** ④시므온

169. 양식을 사러 갈 때 베냐민을 데려 갈 것을 요청한 자는?(43:3-5)

①**유다** ②갓 ③레위 ④르우벤

170. 베냐민 때문에 자신이 담보가 되겠다고 말한 사람은 누구인가?(43:9)

①잇사갈 ②르우벤 ③레위 ④**유다**

171. 너희가 말하던 그 노인이 생존해 계시느냐고 물은 사람은?(43:27)

①요셉의 집 청지기 ②**요셉**

③궁궐을 맡은 자 ④바로

172. 요셉은 누구를 사랑하는 마음이 복받쳤다고 했나요?(43:30)

①갓 ②잇사갈 ③르우벤 ④**베냐민**

173. 요셉은 자신의 은잔을 누구의 자루에 넣도록 했나요?(44:2)

①시므온 ②**베냐민** ③유다 ④납달리

174. 형제들이 도둑으로 몰리자 누가 요셉에게 하소연했나요?(44:18)

①시므온 ②베냐민 ③**유다** ④납달리

175. 베냐민의 생명은 누구의 생명과 연결되어 있다고 했나요?(44:30)

①르우벤 ②**야곱** ③갓 ④유다

176. 자신을 볼모로 잡고 베냐민을 놓아주도록 부탁한 사람은?(44:18,33)

①**유다** ②베냐민 ③시므온 ④납달리

177. 하나님이 생명을 구하시려고 나를 먼저 보냈다고 말한 사람은?(45:1,5)

①시므온 ②**요셉** ③레위 ④유다

178. 요셉의 온 가족에게 애굽의 좋은 땅을 주리니는 누가 한 말인가?(45:18)

①친위대장 ②궁궐을 맡은 자

③**바로** ④보디발

179. 야곱은 무엇을 보고서야 요셉이 살아있음을 믿었나요?(45:27)

①의복 ②양식 ③은 삼백 ④**수레**

180. 내가 죽기 전에 가서 그를 보리라는 누가 한 말인가?(45:28)

①**야곱** ②르우벤 ③단 ④납달리

181. 야곱에게 어디로 내려가기를 두려워하지 말라고 하였나?(46:3)

①시내 산 ②**애굽** ③브엘세바 ④하란

182. 애굽으로 내려간 야곱의 가족은 모두 몇 명이었나요?(46:27)

①33명 ②66명 ③91명 ④**70명**

183. 야곱과 그의 식구들이 살게 된 곳은 어디인가요?(46:28)

①온 ②라암셋 ③**고센** ④하란

184. 야곱이 누구의 얼굴을 보고 지금 죽어도 족하다고 하였나?(46:30)

①시므온 ②**요셉** ③베냐민 ④유다

185. 바로는 요셉의 형들에게 무엇을 묻고, 어떻게 대답했나요?(47:3)

①신분, 히브리인 ②조상, 아브라함

③**생업, 목자** ④온 곳, 가나안

186. 애굽 땅과 가나안 땅이 무엇으로 인해 황폐해졌나요?(47:13)

①홍수 ②폭풍 ③불 ④**기근**

187. 요셉은 애굽의 모든 토지를 다 사서 누구에게 바쳤나?(47:20)

①**바로** ②야곱 ③이삭 ④요셉

188. 애굽에 나를 장사하지 아니하도록 하라는 누구의 말인가?(47:29)

①요셉 ②시므온 ③에서 ④**야곱**

189. 요셉이 애굽에서 낳은 두 아들을 누가 자기의 것이라고 했나?(48:2,5)

①바로 ②**야곱** ③이삭 ④아브라함

190. 라헬이 죽어 장사지낸 에브랏은 다른 이름은 무엇인가?(48:7)

①숙곳 ②여리고 ③**베들레헴** ④믹돌

191. 야곱은 오른손을 펴서 차남인 누구의 머리에 손을 얹었나?(48:14)

①**에브라임** ②베냐민 ③단 ④므낫세

192. 야곱이 누구에게 아들들이 조상의 땅으로 돌아갈 것이라고 말했나?(48:21)

①유다 ②에브라임 ③므낫세 ④**요셉**

193. 그들의 칼은 폭력의 도구로다는 누구를 말하나요?(49:5)

①르우벤, 유다 ②**시므온, 레위**

③잇사갈, 스불론 ④단, 아셀

194. 길섶의 뱀이요 샛길의 독사로다라고 한 아들은?(49:17)

①납달리 ②베냐민 ③요셉 ④**단**

195. 무성한 가지 곧 샘 곁의 무성한 가지는 누구인가요?(49:22)

①유다 ②아셀 ③**요셉** ④시므온

196. 야곱은 어디에 자기를 묻어달라고 했나요?(49:29-30)

①**막벨라의 굴** ②에브랏 길 ③골짜기 ④호렙 산

197. 죽은 야곱의 몸을 향으로 처리할 때 며칠이 걸렸나요?(50:3)

①3일 ②12일 ③31일 ④**40일**

198. 요셉은 죽은 아버지를 위하여 며칠 동안 애곡했나요?(50:10)

①70일 ②**7일** ③4일 ④40일

199. 당신들과 당신들의 자녀를 기르리이다는 누가 한 말인가?(50:19,21)

①므낫세 ②르우벤 ③**요셉** ④바로

200. 요셉은 그의 나이 몇 살에 죽었다고 했나요?(50:26)

①100세 ②120세 ③91세 ④**110세**

출애굽기

1. 다음의 낱말들에서 그 의미가 다른 것은 무엇인가요?(1:7)

①**열심** ②번성하고 ③가득하게 ④강하여

2. 이스라엘 자손이 퍼져나가자 누가 가장 근심했나요?(1:12)

①모세 ②요셉의 후손

③**애굽 사람** ④애굽의 왕

3. 애굽왕은 산파인 히브리 여인에게 누구를 낳을 때 죽이라 했나요?(1:16)

①딸 ②**아들** ③병든 자 ④강한 자

4. 하나님을 경외하여 그들의 집안이 흥왕하게 된 사람들은?(1:21)

①야곱의 자손 ②**산파들** ③히브리인 ④요셉

5. 레위 여자가 아들을 낳자 얼마 동안을 숨겼다고 했나요?(2:1-2)

①100일 ②**석 달** ③8일 ④30일

6. 더 숨길 수 없게 된 아기는 어디에 담아 버려졌나요?(2:3)

①**갈대 상자** ②조각배 ③나뭇가지 ④고깃배

7. 모세의 이름의 뜻은 무엇인가요?(2:10)

①**건져냄** ②높아짐 ③함께하심 ④위로

8. 모세는 애굽 사람을 죽인 것이 알려지자 어디로 숨었나요?(2:15)

①숙곳 ②가나안 ③**미디안** ④홍해

9. 떨기나무의 불꽃 안에서 모세에게 나타난 사람은?(3:2)

①미디안 제사장 ②바로의 군대

③**여호와의 사자** ④애굽의 왕

10. 애굽에 있는 ( ) 백성의 고통을에서 들어갈 말은?(3:7)

①**내** ②애굽 ③히브리 ④너희

11. 하나님이 모세에게 말한 대로 영원히 기억할 칭호는 무엇인가요?(3:15)

①전능자 ②**여호와** ③엘로힘 ④루아흐

12. 히브리 백성이 누구에게서 은혜를 입게 하신다 하셨나요?(3:21)

①**애굽 사람** ②모압 족속 ③구스 사람 ④광야 백성

13. 모세가 지팡이를 땅에 던지자 무엇으로 변했나요?(4:3)

①몽둥이 ②여우꼬리 ③**뱀** ④나무 조각

14. 여호와께 나는 입이 뻣뻣하고 혀가 둔한 자라고 말한 사람은?(4:10)

①**모세** ②고라 ③미리암 ④아론

15. 여호와께서 미디안에 있는 모세에게 어디로 돌아가라고 하셨나요?(4:19)

①집 ②왕궁 ③미디안 ④**애굽**

16. 여호와께서 누구에게 광야로 가서 모세를 맞으라 했나요?(4:27)

①바로 ②요게벳 ③**아론** ④애굽의 공주

17. 여호와가 누구이기에 내가 그의 목소리를 듣느냐고 한 자는?(5:2)

①아론 ②이스라엘 백성 ③모세 ④**바로**

18. 이스라엘 백성의 노동을 무겁게 하고 그들을 학대한 자는?(5:6,9)

①기록원들 ②**바로** ③아론 ④감독들

19. 이스라엘 백성은 짚을 주지 않자 무엇을 거두어야 했나요?(5:12)

①잡초의 뿌리 ②마른 줄기 ③**곡초 그루터기** ④벽돌 부스러기

20. 바로의 학대가 심해 백성이 어렵게 되자 모세가 한 것은?(5:22-23)

①**하나님께 기도** ②도망하여 피함

③하나님께 불평 ④아론과 의논

21. 여호와께서 모세에게 누구에게 하는 일을 보라고 하셨나?(6:1)

①애굽 백성 ②**바로** ③이스라엘 백성 ④모세

22. 하나님은 이스라엘 자손의 무엇을 들으셨다고 했나요?(6:5)

①하나님께 불평 ②모세를 반대함 ③**신음 소리** ④모세를 욕함

23. 아론의 아들 엘르아살이 누구를 낳았다고 했나요?(6:25)

①게르손 ②**비느하스** ③고라 ④부디엘

24. 나는 입이 둔한 자이오니에서 '나'는 누구인가요?(6:30)

①아론 ②르우벤 ③시므온 ④**모세**

25. 하나님께서 바로에게 신 같이 되게 하시겠다고 한 사람은?(7:1)

①아론 ②이스라엘 백성 ③**모세** ④르우벤

26. 바로와 그의 신하 앞에 지팡이를 던지니 어떻게 되었나?(7:10)

①**뱀** ②용 ③칼 ④나무 몽둥이

27. 모세와 아론이 지팡이로 나일 강을 치자 어떻게 되었나?(7:20)

①강물이 마름 ②강물이 썩음

③각종 벌레로 덮임 ④**피로 변함**

28. 애굽 사람들이 나일 강 가를 두루 파서 구한 것은?(7:24)

①도랑 ②**마실 물** ③깨끗한 땅 ④깨끗한 공기

29. 아론이 손을 애굽의 물 위로 내밀자 어떻게 되었나요?(8:6)

①물이 썩음 ②홍수가 남

③물고기가 죽음 ④**개구리가 땅을 덮음**

30. 아론이 지팡이로 땅의 티끌을 치자 어떻게 되었나?(8:17)

①**이가 됨** ②벌레가 덮음 ③땅이 썩음 ④병균이 됨

31. 애굽의 집들에 파리 떼가 덮였는데 파리가 없던 곳은 어디인가?(8:22)

①이스라엘 백성의 집 ②모세의 집 ③나일 강 ④**고센 땅**

32. 참다 못한 바로는 어디에서 제사를 드리라고 했나요?(8:25)

①이스라엘 백성의 집 ②**애굽 땅** ③고센 ④홍해 바닷가

33. 하나님은 자기를 가리켜서 누구의 하나님이라 하셨나요?(9:1)

①**히브리 사람** ②애굽 사람 ③가난한 자들 ④온 세상

34. 이 일을 행하시니 (　　)의 모든 가축은 죽었으나, 괄호 안에?(9:6)

①이스라엘 ②온 지면 ③바로에게 속한 ④**애굽**

35. 애굽 온 땅에 나라가 생긴 이후로 무엇과 같은 일이 없다고 했나?(9:24)

①비처럼 온 불 ②가축이 죽음

③**우박, 불덩이 내림** ④폭풍과 비

36. 우박과 불덩이로 밭에 무엇과 무엇이 상하게 되었나요?(9:31)

①밀, 보리 ②**삼, 보리** ③삼, 쌀보리 ④땅

37. 바로에게 '애굽이 망한 줄을 알지 못하시나이까'는 누가 한 말?(10:7)

①모세 ②바로의 술사들 ③아론 ④**바로의 신하들**

38. 애굽에 전에도 없었고, 후에도 없을 재앙은 무엇인가요?(10:14)

①불비 ②가뭄 ③**온 땅을 덮은 메뚜기** ④홍수

39. 모세가 하늘을 향해 손을 내밀자 삼 일 동안 애굽 온 땅에 임한것은?(10:22)

①**흑암** ②비 ③가뭄 ④폭염

40. 나를 떠나고 스스로 삼가 다시 내 얼굴을 보지 말라는 누가 한 말?(10:28)

①모세 ②바로의 술사들 ③아론 ④**바로**

41. 히브리 백성은 애굽 사람들에게 무엇을 요구했나요?(11:2)

①돈 ②의복 ③양식 ④**은,금 패물**

42. 히브리 백성은 누구로부터 은혜를 받았다고 했나요?(11:3)

①**애굽 사람들** ②애굽의 소수민족

③애굽의 관리 ④이방인들

43. 애굽 땅에 있는 모든 처음 난 것은 어떻게 되었나요?(11:5)

①병에 걸림 ②말을 못함 ③미치광이가 됨 ④**죽음**

44. 여호와께서 누가 모세와 아론의 말을 듣지 않는다고 했나요?(11:9)

①**바로** ②애굽의 술사들 ③고라,다단 ④히브리 백성

45. 각자가 가족대로 이 달 열흘에 취해야 할 것은 무엇인가?(12:3)

①**어린 양** ②암양 ③숫염소 ④숫양

46. 양을 먹을 집 좌우 문설주와 인방에 바르라고 한 것은 무엇인가?(12:7)

①쓴 나물 ②손가락의 피 ③애굽의 진흙 ④**어린 양의 피**

47. 이방 사람은 먹지 못할 것은 무엇이라 했나요?(12:43)

①가축의 첫 새끼 ②**유월절 규례** ③피 ④애굽 사람의 떡

48. 그 날에 그 무리대로 이스라엘 백성을 어디서 인도해 내었나?(12:51)

①이스라엘 ②앗수르 ③모압 ④**애굽**

49. 태에서 처음 난 모든 것은 누구에게 돌리라고 했나요?(13:2)

①**하나님** ②바로 ③모세 ④아론

50. 하나님께서 이스라엘 백성을 어느길로 인도해 주셨나요?(13:18)

①블레셋 길 ②강을 건너는 길 ③바다 길 ④**홍해의 광야 길**

51. 이스라엘 백성이 애굽에서 나올 때 모세가 갖고 온 것은?(13:19)

①돈 ②십계명 돌판 ③바로의 인장서 ④**요셉의 유골**

52. 여호와께서 이스라엘 백성들을 낮과 밤에 무엇으로 인도하셨나?(13:21)

①빛,어둠 ②**불기둥, 구름기둥** ③해, 달 ④해, 별

53. 하나님이 바로가 이스라엘 백성을 추격하게 하신 까닭은?(14:4)

①모세를 시험 ②**하나님께 영광** ③애굽인의 죽음 ④바로의 명예

54. 여호와께서 너희를 위하여 행하시는 (   )을 보라, 괄호 안에?(14:13)

①**구원** ②기적 ③애굽 ④하나님

55. 이스라엘 백성이 바다 가운데를 걸어갈때 바닷물이 어떻게 되었나?(14:22)

①말라서 증발 ②땅속으로 들어감

③빨리 흐름 ④**좌우에 벽이 됨**

56. 다음의 낱말들에서 연결되지 않는 다른 하나는 무엇인가요?(14:30-31)

①큰 능력을 ②여호와를 경외

③모세를 믿음 ④**바로의 명령**

57. ( ) 나의 힘이요 노래시며에서 들어갈 말은?(15:2)

①모세는 ②바로는 ③애굽의 신들은 ④**여호와는**

58. 홍해를 가른 사건을 보고 낙담했던 나라에 해당되지 않는 것은?(15:14-15)

①블레셋 ②**아람** ③에돔 ④모압

59. 바로의 말과 병거와 무엇이 함께 바다에 잠겼나요?(15:19)

①식량 ②은,금 ③**마병** ④가축

60. 이스라엘 백성이 물이 써서 마시지 못하게 되었던 곳은?(15:23)

①비하히롯 ②**마라** ③수르 ④홍해

61. 이스라엘 백성들에게 어디에서 양식을 비같이 내리신다고 했나?(16:4)

①**하늘** ②들 ③바람 ④바다

62. 광야 지면에 작고 둥글며 서리 같이 가는 것은 무엇인가요?(16:14)

①콩 ②쌀 ③**만나** ④갓씨

63. 이스라엘 백성은 안식일에 무엇을 얻지 못했나요?(16:25)

①메추라기 ②불 **③만나** ④물

64. 모세는 아론을 시켜 항아리에 무엇을 담아두라 했나요?(16:33)

①만나 한 오멜 ②광야의 모래 ③은금 보석 ④홍해 바닷물

65. 신 광야를 떠나 장막을 쳤는데 마실 물이 없던 곳은 어디인가?(17:1)

①르비딤 ②엘림 ③수르 ④마라

66. 모세가 호렙 산에 가시 반석을 칠 때 나온 것은 무엇인가?(17:6)

①불 ②벌레들 **③물** ④짐승

67. 아말렉이 와서 이스라엘과 싸울 때 누가 나아갔나요?(17:9)

①대제사장 ②아론 ③모세 **④여호수아**

68. 아말렉을 무찌른 후에 모세는 제단을 쌓고 그곳을 무어라고 했나?(17:15)

①여호와 닛시 ②여호와 라파

③여호와 삼마 ④여호와 이레

69. 바로의 칼에서 구원하셨다 함이더라는 뜻의 이름은?(18:4)

①모세 **②엘리에셀** ③게르솜 ④이드로

70. 여호와는 모든 신보다 크시다고 고백한 사람은?(18:10-11)

①모세 ②바로 ③**이드로** ④미리암

71. 천부장, 백부장, 오십부장, 십부장을 세우라고 말한 사람은?(18:17,21)

①아론 ②하나님 ③모세 ④**이드로**

72. 백성을 재판할 때 어려운 일은 누구에게 가져갔나요?(18:26)

①아론 ②하나님 ③**모세** ④이드로

73. 그들이 애굽 땅을 떠나 얼마 후에 시내광야에 닿았나요?(19:1)

①**3개월** ②30일 ③3년 ④사흘

74. 이스라엘은 어떤 나라가 되며 거룩한 백성이 된다고 하셨나요?(19:6)

①평화로운 ②뛰어난

③**제사장** ④강한

75. 여호와께서 빽빽한 구름 가운데서 누구에게 임하신다고 하였나?(19:9)

①**모세** ②바로 ③아론 ④애굽

76. 산을 침범하는 자는 반드시 어떻게 된다고 했나요?(19:12)

①진노 ②병에 걸림 ③짐승의 밥 ④**죽임**

77. 너는 (　　) 외에는 다른 신들을 네게 두지 말라, 괄호 안에?(20:2)

①**나**　②이스라엘　③너　④히브리인

78. 여호와의 이름을 망령되이 부르면 어찌 되나요?(20:7)

①신앙의 어린아이　②실수　③**죄가 됨**　④용서 받음

79. 네게 준 땅에서 네 생명이 길리라는 누가 받는 복인가?(20:12)

①남을 돕는 자　②**부모를 공경한 자**

③기도하는 자　④구제하는 자

80. 하나님의 나타나심과 관계가 없는 것은 무엇인가요?(20:18)

①**이슬**　②우레　③번개　④산의 연기

81. 히브리 종을 사면 종은 주인을 몇 년 동안 섬겨야 하나요?(21:2)

①7년　②**6년**　③12년　④60년

82. 종이 자유인이 되기 싫어하면 어디를 송곳으로 뚫나요?(21:6)

①몸 어디에든지　②종의 배꼽　③종의 코　④**종의 귀**

83. 자기의 아버지나 어머니를 저주하는 자가 받는 벌은?(21:17)

①내쫓음　②굶게 함　③**죽임**　④짐승에게 줌

84. 소가 남종이나 여종을 다치게 하면 그 종의 주인에게 배상은?(21:32)

①**은 30세겔** ②은 20세겔 ③금 20세겔 ④금 30세겔

85. 소를 도둑질해서 잡거나 팔면 소 한 마리에 대해 몇배를 배상하나?(22:1)

①**다섯 마리** ②네 마리 ③세 마리 ④두 마리

86. 나의 짐승이 남의 밭에 들어가서 먹었을 때 어떻게 배상하나?(22:5)

①달라는 대로 ②똑같은 분량으로

③**가장 좋은 것으로** ④안 함

87. 처녀를 꾀어 동침하면 무엇을 주고 아내로 삼나요?(22:16)

①품 삯 ②**납폐금** ③지참금 ④금 20세겔

88. 백성은 재판장을 모독하지 말며 누구를 저주하지 말아야되나?(22:28)

①**지도자** ②고아, 과부 ③어린 자녀 ④부자

89. 밝은 자의 눈을 어둡게 하는 것은 무엇이라 했나요?(23:8)

①예물 ②술에 취함 ③사례 ④**뇌물**

90. 몇 째 해에 는갈지 말고 묵혀서 가난한 자들이 먹도록 해야하나요?(23:11)

①**일곱째 해** ②여섯째 해 ③3년마다 ④12년이 되는 해

91. 매년 세 번 지켜야하는 절기에 해당되지 않는 것은?(23:14-16)

①수장절 ②**성탄절** ③무교병의 절기 ④맥추절

92. 여호와를 잘 섬기면 양식과 물에 무엇을 내린다고 하셨나?(23:25)

①풍년 ②수확 ③**복** ④불

93. 하나님은 누구에게만 자기에게 가까이 오도록 하셨나요?(24:2)

①아론 ②**모세** ③제사장 ④이스라엘 백성

94. 모세가 백성과 무엇을 가지고 여호와와 언약을 세웠나?(24:8)

①물 ②기름 ③짐승 ④**피**

95. 이스라엘 자손의 눈에 맹렬한 불처럼 보였던 것은 무엇인가?(24:17)

①모세의 영광 ②하나님의 신 ③신이 된 모세 ④**여호와의 영광**

96. 모세가 산에 올라가서 있었던 날들은 얼마나 되었나요?(24:18)

①100일 ②**40일** ③31일 ④3개월

97. 여호와께 예물을 가져올 때 어떻게 드리는 것을 받으라 했나요?(25:2)

①당연하게 ②인색한 마음으로

③**기쁜 마음으로** ④순종해서

98. 증거궤를 짤 때 재료로 사용된 것은 무엇인가요?(25:10)

①참나무 ②**조각목** ③밤나무 ④상수리나무

99. 상위에 무엇을 두어 항상 여호와 앞에 있게 해야 했나요?(25:30)

①만나 항아리 ②양의 피 ③신발 ④**진설병**

100. 순금 등잔대의 잔은 어떤 꽃의 형상으로 만들게 했나요?(25:33)

①백합꽃 ②감람나무 ③**살구꽃** ④장미

101. 성막의 휘장을 만들때 사용되는 색깔에 해당되지 않는 것은?(26:1)

①**노란색** ②청색 ③홍색 ④자색

102. 성막을 덮는 휘장은 무엇으로 만들라고 했나요?(26:7)

①어린양의 가죽 ②나귀의 가죽

③**염소털** ④돼지털

103. 성막의 널판을 만들 때 재료로 사용된 것은 무엇인가요?(26:15)

①참나무 ②**조각목** ③밤나무 ④상수리나무

104. 법궤는 성막의 어디에 두도록 했나요?(26:34)

①성막의 문 ②성소 ③성막의 뜰 ④**지성소**

105. 제단의 네 모퉁이 위에 만들도록 한 것은 무엇인가요?(27:2)

①**뿔** ②싹 ③천사 ④등대

106. 성막에 쓰는 모든 기구와 말뚝과 뜰의 포장 말뚝의 재료는?(27:19)

①은 ②금 ③**놋** ④구리

107. 성소에서 불이 꺼지지 않도록 켜둔 등불의 기름은 무엇인가?(27:20)

①**감람유** ②콩의 기름 ③염소의 기름 ④상어의 기름

108. 아론과 그의 아들이 여호와 앞에서 보살펴야 했던 것은?(27:21)

①제물 ②성소의 기구들 ③**등불** ④제사

109. 아론이 영화롭게 보이기 위하여 해야될 일은 무엇인가?(28:2)

①면류관 ②아론의 이름을 높임

③ **거룩한 옷** ④보좌에 앉게 함

110. 이스라엘 아들들의 이름을 어디에 새기라 했나요?(28:9)

①놋 ②순금 ③자수정 ④**호마노**

111. 판결 흉패 안에 넣었던 것 두 개는 무엇이었나요?(28:30)

①순금, 우림 ②**우림, 둠밈** ③놋, 둠밈 ④자수정, 벽옥

112. 순금으로 패를 만들고 새겨 넣은 글은 무엇인가요?(28:36)

①**여호와께 성결** ②거룩하다 ③여호와의 눈 ④공평

113. 제단위에 불살라 드릴 때 향기로 주를 기쁘게 하는(　　)니라(29:18)

①제사 ②속죄 ③**화제** ④기도

114. 제사장이 여호와 앞에 흔들어 드리는 제사는?(29:24)

①**요제** ②번제 ③속죄제 ④제사

115. 위임식의 고기나 떡이 아침까지 남아 있으면 어떻게 해야 하나?(29:34)

①일꾼들에게 줌 ②과부들의 몫

③쓰레기로 버림 ④**불사름**

116. 하나님은 어디서 이스라엘 백성을 만나주신다 하셨나요?(29:42)

①향단 ②**회막 문** ③서문 ④북문

117. 하나님이 대 제사장을 만나 주시겠다고 한 곳은 어디인가?(30:6)

①번제단 ②대야 ③**속죄소** ④법궤

118. 생명의 속전을 여호와께 드리면 무엇을 없게 하신다 했나요?(30:12)

①**질병** ②죽음 ③가난 ④화

119. 물두멍은 만드는데 사용되는 재료는 무엇인가요?(30:18)

①금 ②조각목 ③**놋** ④은

120. 성소의 기물에 기름을 바르는 이유는 무엇이라 했나요?(30:29)

①향기로운 냄새 ②**거룩하게 구별**

③녹이 슬지 않음 ④오래 가도록

121. 성소의 기구를 만든 브살렐은 어느 지파에 속했나요?(31:2)

①르우벤 ②**유다** ③갓 ④시므온

122. 오홀리압은 누구와 함께 성소의 기구를 만들었나요?(31:6)

①모세 ②아히사막 ③**브살렐** ④아론

123. 그 날을 더럽히는 자는 모두 죽일지며에서 그 날은?(31:14)

①**안식일** ②매년 1월 1일 ③성일 ④매달 초하루

124. 모세가 시내산에서 받은 증거판의 글씨는 누가 썼나요?(31:18)

①아론 ②모세 ③**여호와** ④천사

125. 아론은 무엇을 만들어 이스라엘을 인도한 신이라 했나요?(32:4)

①**송아지 형상** ②모세의 형상 ③놋으로 만든 뱀 ④금 지팡이

126. 모세가 산에서 몇개의 증거판을 받아 내려왔나요?(32:15)

①한 개 ②**두 개** ③세 개 ④네 개

127. 이스라엘 백성이 방자하도록 한 사람은 누구라 했나요?(32:25)

①모세 ②브살렐 ③**아론** ④오홀리압

128. 주께서 기록하신 책에서 내 이름을 지워달라고 기도한 사람은?(32:32)

①**모세** ②브살렐 ③아론 ④오홀리압

129. 여호와께서 이스라엘 백성에게서 떼어내라 하신 것은?(33:5)

①**장신구** ②금 ③패물 ④보석

130. 나로 주의 목전에 ( )을 입게하시며에 들어갈 말은?(33:13)

①생명 ②큰 복 ③영광 ④**은총**

131. 원하건대 주의 영광을 내게 보이소서는 누가 한 말인가?(33:18)

①아론 ②**모세**

③여호수아 ④이스라엘 자손

132. 여호와의 영광이 지나갈 때 모세가 본 것은 어디인가?(33:22-23)

①**등** ②몸 ③다리 ④얼굴

133. 모세가 시내산으로 다시 올라갈 때 갖고 간 것은 무엇인가?(34:4)

①떡 ②물 ③**두 돌판** ④조각목

134. 모든 첫 태생은 다 누구의 것이라고 했나요?(34:19)

①**여호와** ②아론 ③모세 ④백부장

135. 모세는 시내산에서 하나님과 밤낮 몇일을 함께하였나요?(34:28)

①30일 ②**40일** ③43일 ④45일

136. 모세가 이스라엘 백성앞에서 수건으로 얼굴을 가린 이유는?(34:35)

①부끄러워 ②겸손해서 ③창피해서 ④**광채가 나서**

137. 자신의 소유중에 여호와께 예물을 드릴 때에 올바른 자세는?(35:5)

①**마음에 원함으로** ②정결하게 구별해서

③고급스러운 것으로 ④많이 드림

138. 마음에 원하는 남녀가 여호와께 드렸던 예물이 아닌것은(35:22)

①팔찌 ②귀고리 ③**에봇** ④가락지

139. 마음에 감동을 받은 여인들은 무엇에서 실을 뽑았나요?(35:26)

①목화 ②**염소 털** ③무화과 ④나무의 뿌리

140. 브살렐과 오홀리압이 하나님의 영에 감동한 것이 아닌 것은?(35:31)

①지혜 ②총명 ③**권세** ④지식

141. 백성들이 아침마다 어떤 마음으로 예물을 연하여 가져왔나요?(36:3)

①**자원** ②좋아 ③복을 받으려 ④순종

142. 모든 일을 하기에 넉넉하여 ( )이 있었더라, 괄호 안에?(36:7)

①즐거움 ②**남음** ③낭비함 ④아까움

143. 휘장을 짜고 그 위에 무엇을 정교하게 수놓았나요?(36:35)

①거룩하다 라는 글 ②**그룹들**

③뱀의 형상 ④여호와의 이름

144. 성막에 조각목으로 네 기둥을 만들어 무엇으로 싸라 했나요?(36:36)

①놋 ②은 ③숫양의 가죽 ④**금**

145. 조각목으로 궤를 만들고 안팎을 금으로 쌌는데 누가 했나요?(37:1-2)

①모세 ②**브살렐** ③아론 ④오홀리압

146. 속죄소를 만들 때 재료로 쓰인 것은 무엇인가요?(37:6)

①놋 ②조각목 ③**순금** ④은

147. 등잔대와 그 모든 기구를 만드는데 순금이 얼마나 들었나요?(37:24)

①**1달란트** ②3달란트 ③반 세겔 ④10므나

148. 거룩한 관유와 향품으로 정결하게 만든것은 무엇인가요?(37:29)

①**향** ②의복 ③촛 ④향단

149. 번제단의 네 모퉁이에는 무엇이 있도록 만들었나요?(38:2)

①턱 ②등잔 ③피를 받는 관 ④**뿔**

150. 회막 문에서 수종을 드는 여인들의 거울로 만든 것은?(38:8)

①**물두멍** ②떡상 ③숟가락과 젓가락 ④불을 담는 통

151. 재능이 있어서 조각하며, 수를 놓는 일을 한 사람은?(38:23)

①브살렐 ②아론 ③**오홀리압** ④미리암

152. 놋으로 만든것에 해당되지 않는 것은 무엇인가요?(38:29-31)

①회막 문 기둥 받침 ②제단

③뜰 주위의 기둥 받침 ④**증거궤**

153. 모세에게 명령한 대로 아론을 위해서 만든 것은 무엇이었나요?(39:1)

①**거룩한 옷** ②금으로 싼 신발 ③외투 ④가죽옷

154. 흉패에 있는 열두 개의 보석에는 무엇을 새겨 넣었나요?(39:14)

①**12지파 이름** ②여호와 이름 ③찬송시 ④이스라엘 이름

155. 아론과 그의 아들들을 위하여 두건은 무엇으로 만들었나?(39:27-28)

①비단 ②**세마포** ③모시 ④삼베

156. 여호와께서 누구에게 명령하신 대로 회막의 모든 역사를 마쳤나?(39:32)

①브살렐 ②아론 ③**모세** ④미리암

157. 여호와께서 모세에게 성막은 첫째 달 언제 세우라고 하셨나요?(40:2)

①**초하루** ②사흘이 되는 새벽 ③보름 ④달이 뜰 때

158. 가리개 휘장을 늘어뜨려서 무엇을 가렸다고 했나요?(40:21)

①돈 ②**증거궤** ③침실 ④제사장의 음식

159. 물두멍에는 무엇을 담아두었나요?(40:30)

①마시는 물 ②불을 끄는 물

③뿌리는 물 ④**씻는 물**

160. 낮에는 여호와의 구름이 어디에 있었다고 했나요?(40:38)

①**성막 위** ②이스라엘 위 ③모세와 아론의 위 ④산 위

레위기

1. 소로 번제를 드릴 때 번제물의 머리에 무엇을 해야 하나요?(1:4)

①물을 뿌림 ②**안수함** ③기름바름 ④피를 뿌림

2. 그 번제물의 가죽을 벗기고 해야 할 일은 무엇인가요?(1:6)

①**각을 뜸** ②물로 씻음 ③뼈를 발라낼 ④부위별로 고를

3. 번제물을 가져온 사람은 그것을 제단 어디서 잡아야 하나요?(1:11)

①남쪽 ②동쪽 ③**북쪽** ④서쪽

4. 번제물을 불에 태워서 드리는 것을 무엇이라고 하나요?(1:17)

①요제 ②소제 ③전제 ④**화제**

5. 소제로 예물을 드릴 때 사용되지 않는 것은 무엇인가요?(2:1-2)

①고운가루 ②**무교병** ③기름 ④유향

6. 무엇으로 소제를 드릴 때 고운 가루와 기름을 섞으라 했나요?(2:7)

①**냄비의 것** ②피를 뿌린 것

③과일로 ④짐승을 잡음

7. 여호와께 드리는 모든 소제물에는 무엇을 넣지 말라 했나요?(2:11)

①소금 ②잡곡 ③**누룩** ④기름

8. 모든 소제물에 꼭 들어가야 할 것은 무엇인가요?(2:13)

①누룩 ②**소금** ③유향 ④가루

9. 소를 드리되 수컷이나 암컷이나 흠 없는 것으로 드리는 것은?(3:1)

①**화목제** ②요제 ③속죄제 ④번제

10. 여호와께 향기로운 냄새니라의 제사를 무어라 하나요?(3:5)

①요제 ②금식 ③**화제** ④회개

11. 예물로 드린 것에서 모든 기름은 누구의 것이라 했나요?(3:16)

①제사장 ②**여호와**

③아론 ④대제사장

12. 대대로 지킬 영원한 규례로 기름과 무엇을 먹지 말라고 하셨나요?(3:17)

①**피** ②고기 ③위 ④머리

13. 누가 범죄했을 때 흠 없는 수송아지로 속죄제물을 삼는가?(4:3)

①어린아이 ②백성 ③레위인 ④**제사장**

14. 회중이 죄를 지었을 때 제사장은 제물의 피를 휘장 앞에 몇 번 뿌리나?(4:17)

①세 번 ②한 번 ③**일곱 번** ④사방으로 네 번

15. 누가 죄를 지었을 때 흠 없는 숫염소를 예물로 드렸나요?(4:22)

①이스라엘 회중 ②**족장** ③제사장 ④장로

16. 누가 죄를 지었을 때 흠 없는 암염소를 예물로 드렸나요?(4:27)

①선지자 ②제사장의 아내

③이스라엘 여자 ④**평민의 한 사람**

17. 부정한 짐승의 사체에 해당되지 않는 것은 무엇인가요?(5:2)

①들짐승 ②가축 ③곤충 ④**나방**

18. 속죄제에서 속죄제물의 남은 피는 어디에다 쏟나요?(5:9)

①제단 위 ②**제단 아래** ③향단 위 ④증거궤 위

19. 여호와의 성물에 대하여 부지중에 범죄하였으면 어떻게 하나?(5:15)

①속죄제 ②번제 ③**속건제** ④요제

20. 여호와의 계명 중 하나를 (　　) 범하여도에서 들어갈 말은?(5:17)

①고의로 ②**부지중에** ③마음에 ④지나치게

21. 잃은 물건을 줍고도 거짓맹세한 것은 얼마를 더해 주어야 하나?(6;5)

①갑절 ②다섯 배 ③이분의 일 ④**오분의 일**

22. 불이 끊임이 없이 꺼지지 않게 해야 하는 곳은 어디인가?(6:13)

①석쇠 ②**제단** ③불통 ④화덕

23. 소제를 드린 후 그 나머지는 아론의 자손들이 어디에서 먹을 수 있나?(6:16)

① 성소 ②지성소 ③**회막 뜰** ④동문 밖

24. 속죄제에서 죄를 위하여 제사 드리는 제사장이 먹어야 할 제물은?(6:26)

①진설된 떡 ②대제사장이 준 것

③죄인이 가져온 것 ④**속죄제 제물**

25. 속건제 제물은 누구에게 먹으라 했나요?(7:5-6)

①장로들 ②대제사장 ③**제사장** ④제물을 드린 사람

26. 화목제의 감사제물과 함께 그 예물로 드리라고 하신 것은?(7:13)

①**유교병** ②무교병 ③고운 가루 ④떡

27. 무엇을 먹을 때 자기 백성 중에서 끊어지리라고 하셨나요?(7:27)

①제물을 속여 남긴 것 ②제물의 내장 ③**피** ④가죽

28. 화목제물에서 오른쪽 뒷다리를 자기의 무엇으로 삼을 수 있나?(7:33)

①**소득으로** ②속죄로 ③번제로 ④제물로

29. 모세가 무엇으로 성막과 그 안에 있는 모든 것을 거룩하게 했나요?(8:10)

①물로 ②향으로 ③피로 ④**관유로**

30. 모세가 아론의 아들들에게 취한 행동이 아닌 것은?(8:13)

①속옷을 입히고 ②띠를 띠우며

③**기름을 바르고** ④관을 씌웠으니

31. 모세가 아론의 아들들에게 피를 바른 곳이 아닌 곳은?(8:24)

①**코** ②엄지 손가락 ③오른쪽 귓부리 ④엄지 발가락

32. 죽음을 면하기 위해서 칠 주야를 어디에 머물러야 하나요?(8:35)

①제단 앞 ②**회막 문** ③성소 ④광야

33. 수소, 숫양, 기름 섞은 소제물은 무엇을 위해 드릴 제물인가요?(9:4)

①위임식 ②**화목제** ③속죄제 ④속건제

34. 아론은 제단에 나아가 자기를 위한 속죄제로 무엇을 드렸나요?(9:8)

①암염소 ②암소 ③숫양 ④**송아지**

35. 백성을 위한 속죄제로 드리는 제물은 무엇인가요?(9:15)

①수소 ②숫양 ③**염소** ④산 비둘기

36. 속죄제와 번제와 화목제를 마치고 백성을 향해 축복한 사람은?(9:22)

①모세 ②제사장 ③비느하스 ④**아론**

37. 다른 불을 담아 여호와 앞에 분향하다가 죽은 사람은 누구인가요?(10:1)

①**나답, 아비후** ②아비후, 엘리아살

③나답, 이다말 ④아비후, 이다말

38. 아론의 남은 아들들에게 어디로 나가지 말라고 했나요?(10:7)

①지성소 ②**회막 문** ③성소 ④제단

39. 아론과 그의 아들들은 소제의 남은 것을 먹어야 할 장소는?(10:12)

①집 ②모세와 함께 ③성소의 뜰 ④**제단 곁**

40. 아론이 무엇을 먹었다면 하나님이 좋게 여기셨을까 했나요?(10:19)

①염소 ②**속죄제물** ③만나 ④고기

41. 굽이 갈라진 짐승중에 먹지 못하는 짐승에 해당되지 않는 것은?(11:4)

①**염소** ②사반 ③토끼 ④돼지

42. 독수리, 솔개, 까마귀 종류의 공통점은 무엇인가요?(11:13-15)

①먹으면 병을 옮김 ②제물

③불에 태워 먹음 ④**가증한 것들**

43. 곤충중에 먹을 수 있는것에 해당되지 않는 곤충은?(11:21-22)

①메뚜기 ②**개미** ③베짱이 ④귀뚜라미

44. 주검에 닿는 모든 것은 어떻게 된다고 했나요?(11:36)

①**부정해짐** ②병균이 옮겨짐 ③재수가 없음 ④죽게 됨

45. 여인이 남자 아기를 낳으면 몇 칠 동안 부정하다 했나요?(12:2)

①하루 ②사흘 ③**이레** ④세 이레

46. 남자 아이를 낳은 여인이 정결하게 되는 기간은 며칠인가요?(12:4)

①3일 ②**33일** ③8일 ④66일

47. 여인이 여자 아기를 낳으면 며칠 동안 부정하다 했나요?(12:5)

①네 이레 ②이레 ③세 이레 ④**두 이레**

48. 정결한 기한이 지나서 제사장에게 가져가야 하는 제물은?(12:6)

①번제물 ②번제물, 속죄물 ③**속죄물** ④속건제물, 화목제물

49. 피부에 나병같은 것이 생기면 어떻게 조치해야 하나요?(13:1)

①격리시킴 **②제사장에게 감** ③기도함 ④치료해줌

50. 종기로 된 나병의 환부 특징은 무엇인가요?(13:20)

①반질반질해짐 **②피부보다 얕음**

③피부가 붉어짐 ④냄새가 남

51. 나병인지 금방 확인이 안 되면 며칠 동안 가두라고 했나요?(13:31)

①두 이레 ②사흘 ③33일 **④이레**

52. 나병환자는 병이 있는 동안에는 어디에서 살아야 하나요?(13:46)

①진영 밖 ②집 ③들 ④식구들

53. 제사장이 진영에서 나가 진찰해야 하는 환자는 누구인가요?(14:3)

①궤양환자 ②부러진 자 **③나병환자** ④피 흘린 자

54. 정결함을 받은 자에게 속건제물의 피를 바르는 곳은?(14:14)

①이마 **②오른쪽 엄지발가락** ③코 ④왼쪽 귓부리

55. 색점(곰팡이)이 생기면 제사장은 몇일간 그 집을 폐쇄해야하나요?(14:38)

①종일 ②사흘 ③두 이레 **④이레**

56. 집에 색점(곰팡이)이 없어지면 살아있는 새를 어디로 날려 보내나?(14:53)

①**성 밖 들** ②성전 뜰 ③성막 ④산

57. 유출병이 있는 자가 앉았던 자리에 앉는 자는 언제까지 부정한가?(15:6)

①사흘 동안 ②하루 동안

③**저녁까지** ④아침까지

58. 여인의 유출이 피이면 몇 일동안 부정한가요?(15:19)

①사흘 ②**이레** ③열흘 ④열 나흘

59. 불결한 여인과 동침하여 전염되면 언제까지 부정한가요?(15:24)

①저녁까지 ②다음날 아침까지 ③두 이레 ④**이레**

60. 이스라엘 자손이 부정으로 인해무엇을 더럽히지 않기를 원하셨나?(15:31)

①양심 ②**성막** ③도구 ④몸

61. 아무 때나 들어오면 죽임을 당하는 곳은 어디였나요?(16:2)

①**속죄소** ②부엌 ③성전 뜰 ④성전 문

62. 속죄를 드릴 때 그 피를 속죄소 앞에 몇 번 뿌려야 하나요?(16:14)

①**일곱 번** ②한 번 ③네 번 ④세 번

63. 아사셀을 위한 염소는 어디로 보내라 했나요?(16:22)

①성전 밖　②제물을 드린 사람의 집　③번제단　④**광야**

64. 이스라엘 자손은 죄의 속죄를 위해 얼마에 한 번 속죄해야 했나요?(16:34)

①**일 년에 한 번**　②매년 절기 때마다

③일 년에 두 번　④안식년에

65. 여호와께 향기로운 냄새가 되기 위해 불살라 드리는 부위는?(17:6)

①**기름**　②가죽　③고기　④내장

66. 번제나 제물을 드릴 때는 어디로 가져가야 했나요?(17:8-9)

①부엌　②성전 뜰　③**회막 문**　④물두멍

67. 생명과 일체가 되는 모든 육체의 생명은 무엇에 있나요?(17:14)

①내장　②**피**　③고기　④뼈

68. 스스로 죽은 것을 먹으면 어떻게 된다고 했나요?(17:15)

①괜찮음　②**부정함**　③거리낌이 생김　④깨끗함

69. 나는 (　　) 너희의 하나님이니라에서 들어갈 말은?(18:2)

①위로자　②**여호와**　③하나님　④전능자

70. 애굽 땅의 무엇과 가나안 땅의 무엇을 거절하라 했나요?(18:3)

①음식 ②지식 ③**풍속** ④친구

71. 어머니의 살붙이는 누구를 가리키나요?(18:13)

①여동생 ②오빠 ③아버지 ④**이모**

72. 어떤 사람을 그 백성 중에서 끊어지게 하신다 했나요?(18:29)

①**가증한 자** ②애굽 사람 ③이방인 ④불신자

73. 여호와께서 너희를 위하여 부어 만들지 말라고 명하신 것은?(19:4)

①**신상** ②기구 ③무기 ④목상

74. 무엇으로 거짓맹세를 하면 하나님의 이름을 욕되게 하나요?(19:12)

①자기의 이름 ②헛된 약속

③말(언어) ④**하나님의 이름**

75. 안식일을 지키며 무엇을 귀히 여기라 했나요?(19:30)

①**성소** ②자기의 몸 ③집 ④땅

76. 너희도 애굽 땅에서 거류민이 되었었느니라에서 '너희'는?(19:34)

①애굽 사람 ②모압인 ③**이스라엘 자손** ④앗수르 사람

77. 자신의 자식을 누구에게 주면 반드시 죽이라고 했나요?(20:2)

①**몰렉** ②담보 ③이방인 ④노예

78. 남의 아내와 간음하는 음부인 여자와 남자는 누구라 했나요?(20:10)

①양부 ②죄인 ③짐승 ④**간부**

79. 숙모와 함께 동침하면 두 사람은 어떻게 된다고 했나요?(20:20)

①**자식이 없이 죽음** ②죽음 ③죄가 됨 ④자기를 더럽힘

80. 너희를 나의 소유로 삼기위해 만민 중에서 (　　)하였나?(20:26)

①선택함 ②책망함 ③**구별함** ④새롭게 함

81. 백성의 어른인즉 자신을 더럽혀서 안 되는 사람은 누구인가?(21:4)

①**제사장** ②두령 ③노인 ④각 지파의 족장

82. 이스라엘 자손이 거룩히 여겨야 할 사람은 누구라 했나요?(21:1,8)

①부모 ②형제 ③**제사장** ④각 지파의 족장

83. 제사장의 딸이 행음을 하면 어떻게 하라 했나요?(21:9)

①내어 쫓음 ②속죄제를 드림

③집안에 가둠 ④**불사름**

84. 아론의 자손 중 흠이 있는 자는 어디에 가까이 말라 했나요?(21:23)

①집 ②이스라엘 자손 ③성막 ④**제단**

85. 부정하게 하는 벌레에 접촉된 자는 언제까지 부정한가요?(22:5-6)

①사흘(3일) ②**그 날 저녁** ③다음 날 아침 ④여드레(8일)

86. 아무 흠이 없는 온전한 것으로 해야 하는 것은?(22:21)

①**여호와께 제물** ②이웃에게 배상

③선물을 줄 때 ④제사장의 음식

87. 다음중 여호와께 드리지 말아야 할 것에 해당되지 않는 것은?(22:22)

①눈 먼 것 ②**털이 빠진 것** ③종기 있는 것 ④베임을 당한 것

88. 여호와의 무엇을 속되게 하지 말아야 하나요?(22:32)

①**성호를** ②백성을 ③명예를 ④땅을

89. 첫째 달 열나흗날 저녁은 어떤 날인가요?(23:5)

①오순절 ②수장절 ③**유월절** ④감사절

90. 땅에 밭 모퉁이까지 다 베지 말고 떨어진 것을 줍지 말아야 할 것은?(23:22)

①**곡물** ②풀 ③식물 ④과일

91. 나팔을 불어 기념할 날은 언제인가요?(23:24)

①**일곱째 달 첫 날** ②애굽에서 나온 날 ③오순절 ④안식일

92. 토지 소산을 거두고 첫 날과 몇째 날에도 안식해야 하나요?(23:39)

①셋째 날 ②여섯째 날 ③일곱째 날 ④**여덟째 날**

93. 성소에서 등잔불을 켤 때 사용되었던 기름은?(24:2)

①숫양의 기름 ②들깨의 기름 ③소나무의 기름 ④**감람의 기름**

94. 순결한 상에 두 줄로 한 줄에 여섯씩 진설해야 하는 것은(24:6)

①백합 꽃송이 ②**떡 열두 개**

③지팡이의 모형 ④제물의 고기

95. 여호와의 이름을 모독한 사람은 어떻게 죽이라 했나요?(24:16)

①구덩이 넣음 ②굶겨서 죽게 함 ③**돌로 침** ④십자가에 못 박음

96. 남에게 상해를 입힌 사람에게는 어떻게 행해야 하나요?(24:19)

①다섯 배로 ②두 배로 ③네 배로 ④**그대로**

97. 일곱째 해에 밭을 안식할 때 자라난 것과 포도나무의 열매는?(25:5)

①거두어들임 ②이방인에게 줌 ③**거두지 않음** ④종들에게 줌

98. 오십 년째 해를 거룩하게 하라고 했는데 이 해의 이름은?(25:11)

①오순년 ②첫 해 ③오십년 ④**희년**

99. 이스라엘 자손은 어디에서 종을 구하라 했나요?(25:44)

①이스라엘 ②가난한 집 ③애굽 ④**이방인**

100. 애굽 땅에서 인도하여 낸 여호와의 종은 누구를 말하나요?(25:55)

①아말렉 ②**이스라엘** ③미디안 ④암몬

101. 여호와의 안식일을 지키며 무엇을 경외하라고 했나요?(26:2)

①**성소를** ②의복을

③율법을 ④규례를

102. 이스라엘 자손의 번성과 창대를 누가 약속했나요?(26:9)

①여호수아 ②모세 ③갈렙 ④**여호와**

103. 너희의 죄로 말미암아 몇 배의 징벌을 받나요?(26:28)

①**7배** ②70배 ③천배 ④3배

104. 여호와께서 언약을 맺었다고 말한 사람에 해당되지 않는 사람은?(26:42)

①야곱 ②**모세** ③이삭 ④아브라함

105. 20세 이상 60세 까지의 이스라엘 남자의 값은 얼마인가요?(27:3)

①금 1달란트 　　②**은 오십 세겔**

③은 3달란트 　　④은 삼십 세겔

106. 서원하는 예물로 여호와께 드리는 것을 어떠하다고 했나요?(27:9)

①**거룩함** 　②영광스러움 　③예물이 됨 　④신실함

107. 사람이 밭을 팔았을 때 언제 주인에게로 돌아간다 했나요?(27:24)

①값을 무를 때 　　②재판으로 이기면

③**희년에** 　　④제사장이 선언할 때

108. 소나 양에서 열 번째의 것마다 누구의 것이라 했나요?(27:32)

①**하나님** 　②제사장 　③주인 　④목자

민수기

1. 이스라엘 자손의 모든 회중 각 남자의 수를 계수한 장소는?(1:1-2)

①르비딤　②**시내 광야**　③요단 들　④바란

2. 이스라엘 자손 계수 중에 넣지 말라고 한 지파는?(1:49)

①유다 지파　②베냐민 지파

③단 지파　④**레위 지파**

3. 성막과 그 모든 기구와 그 모든 부속품을 관리한 지파는 ?(1:50)

①유다 지파　②베냐민 지파　③단 지파　④**레위 지파**

4. 여호와께서 모세에게 (　　) 대로 행하였더라, 괄호 안에?(1:54)

①**명령하신**　②상의한　③보여준　④부탁한 것을

5. 이스라엘 자손은 진을 치되 어디를 향해서 치라고 했나요?(2:2)

①**회막**　②시온　③모세와 아론　④각 지파의 두령

6. 동방 해 돋는 쪽에 진을 칠 자는 어느 지파라고 했나요?(2:3)

①레위 지파　②르우벤 지파　③**유다 지파**　④에브라임 지파

7. 남쪽에 진을 칠 자는 어느 지파라고 했나요?(2:10)

①레위 지파 **②르우벤 지파** ③유다 지파 ④에브라임 지파

8. 북쪽에 진을 칠 자는 어느 지파라고 했나요?(2:25)

①시므온 지파 ②스불론 지파 ③베냐민 지파 **④단 지파**

9. 아론의 아들들이 기름 부음을 받고 거룩하게 구별된 직분은?(3:3)

①선지자 ②율법 교사 **③제사장** ④성막 관리인

10. 어느 지파가 제사장 아론 앞에 서서 그에게 시종했나요?(3:6)

①므낫세 지파 ②에브라임 지파 ③유다 지파 **④레위 지파**

11. 외인이 무엇을 행하면 죽임을 당할 것이라고 했나요?(3:10)

①제사장의 직무 ②가르치는 일

③아론을 시중드는 일 ④장사하는 일

12. 이스라엘 자손중에 누구를 다 여호와의 것이라고 하였나요?(3:45)

①아론 ②모세 **③레위인** ④유다인

13. 회막의 일을 하기 위하여 선택된 고핫 자손은 어느 지파인가요?(4:2-3)

①유다 **②레위** ③게르손 ④잇사갈

14. 성소에서 봉사하는 데 쓰는 모든 기구를 어디에 싸라 했나요?(4:12)

①황색 보자기 ②붉은 천 ③흰색 천 ④**청색 보자기**

15. 해달의 가죽 덮개와 회막 휘장 문을 메는 일을 맡은 자손은?(4:24-25)

①므라리 ②고핫 ③**게르손** ④시므온

16. 제사장 아론의 아들 이다말의 수하에서 일을 맡은 자손은?(4:33)

①**므라리** ②고핫 ③게르손 ④시므온

17. 진영 밖으로 나가야 하는 자들에 해당되지 않는 사람은?(5:2)

①유출병자 ②나병 환자 ③**중풍병자** ④부정한자

18. 지은 죄 값을 온전히 갚으려면 몇 배를 더하여 갚아야 하나요?(5:7)

①**오분** ②삼분 ③삼십분 ④십분

19. 거제로 제사장에게 가져오는 모든 성물은 누구의 것이 되나요?(5:9)

①여호와 ②모세 ③아론 ④**제사장**

20. 제사장은 저주가 되게 하는 쓴 물을 누구에게 마시게 했나요?(5:12,24)

①의심하는 자 ②**간음한 여인**

③간음한 여인의 남편 ④고소한 사람

21. 나실인의 서원을 하고 자기 몸을 구별할 때 금지된 것은?(6:4)

①**포도나무 소산** ②누룩 ③고기 ④술

22. 삭도를 절대로 머리에 대지 말아야 될 사람은 누구인가요?(6:5)

①제사장의 아들 ②성막 봉사자 ③노예 ④**나실인 서원자**

23. 여호와께 드리는 제물을 여호와 앞에 흔들어 드리는 제사는?(6:20)

①화제 ②**요제** ③번제 ④속죄제

24. 누가 이스라엘 자손을 지키시기를 원하신다고 했나요?(6:24)

①모세 ②대제사장 ③**여호와** ④아론

25. 성소에서의 직임이 어깨로 메는 일을 하는 사람들은?(7:9)

①게르손 자손 ②르우벤 자손

③므라리 자손 ④**고핫 자손**

26. 암미나답의 아들 나손은 어느 지파의 자손인가?(7:12)

①잇사갈 ②**유다** ③시므온 ④스불론

27. 헌물로 드린 열 세겔 무게의 금 그릇에는 무엇을 담았나요?(7:38)

①기름 ②칼 ③**향** ④두루마리 성경

28. 속죄소 위의 두 그룹 사이에서 하나님의 음성을 들은 사람은?(7:89)

①아론 ②유다 자손 ③납달리 자손 ④**모세**

29. 등불을 켤 때에는 ( ) 등잔을 등잔대 앞으로비추게 할지니라?(8:2)

①**일곱** ②셋 ③여섯 ④열 둘

30. 밑판에서 그 꽃까지 금을 쳐서 만든 것은 무엇인가요?(8:4)

①채 ②재를 담는 그릇 ③**등잔대** ④집게

31. 아론이 여호와께 요제로 드린 사람들은 누구인가요?(8:13)

①시므온 지파 ②**레위 지파**

③르우벤 지파 ④유다 지파

32. 레위인이 회막에 들어가서 복무하고 봉사해야 될 나이는?(8:24)

①**25세 이상** ②30세 이상 ③20세 이상 ④12세 이상

33. 이스라엘 백성이 첫째 달 열넷째 날 해 질 때에 유월절을 지킨 장소는?(9:5)

①모압 광야 ②바란 광야 ③**시내 광야** ④유대 광야

34. 이스라엘 자손이 여행 중에 있다 해도 반드시 지켜야 하는 것은?(9:10)

①제사 ②제물을 드림 ③하루 세 번의 기도 ④**유월절**

35. 저녁이 되면 성막 위에 어떤 모양 같은 것이 나타나서 아침까지 있나?(9:15)

①별 ②**불** ③달 ④빛

36. 구름이 성막 위에 머무는 날이 오랠 때에는 어떻게 했나요?(9:19)

①**행진하지 않음** ②하룻밤 만 쉼

③비를 기다림 ④부지런히 행진함

37. 회중을 소집하며 진영을 출발하게 하려고 만든 것은?(10:2)

①금 나팔 ②소고 ③피리 ④**은 나팔**

38. 이스라엘 자손이 광야를 행진할 때 선두에 선 지파는?(10:14)

①잇사갈 ②**유다** ③므라리 ④스불론

39. 모세는 누구에게 '우리의 눈이 되리이다'라고 말했나요?(10:30-31)

①아론 ②르우엘 ③여호와 ④**호밥**

40. 여호와여 일어나사 주의 ( )들을 흩으시고, 괄호 안에?(10:35)

①불량자 ②**대적** ③죄악 ④모사

41. 애굽에 있을 때 이스라엘 백성들이 먹지 못한 것에 해당되는 것은?(11:5)

①마늘 ②참외 ③오이 ④**양**

42. 밤에 이슬이 진영에 내릴 때에 함께 내린 것은 무엇인가요?(11:9)

①**만나** ②비 ③고기 ④메추라기

43. 모세와 함께 영이 임해 예언했던 장로들의 수는 얼마인가요?(11:24-25)

①7명 ②**70명** ③8명 ④80명

44. 바람이 여호와에게서 나와 바다에서 몰아 지면 위로 내린 것은?(11:31)

①만나 ②비 ③소금 ④**메추라기**

45. 모세가 어떻게 하자 미리암과 아론이 모세를 비방했나요?(12:1)

①아론을 비난 ②법을 어김

③**구스 여자를 취함** ④미리암을 나무람

46. 누구에게 온유함이 지면의 모든 사람보다 더하더라고 했나요?(12:3)

①미리암 ②아론 ③호밥 ④**모세**

47. 모세를 비방했던 미리암은 왜 눈과 같이 되었나요?(12:10)

①**나병에 걸림** ②피곤해져서 ③일사병으로 ④피부가 변해서

48. 진 밖에 이레동안 가두었다 풀려난 사람은 누구인가요?(12:14-15)

①아론 ②모세 ③**미리암** ④구스 여자

49. 모세는 어디에서 가나안 땅에 12 명의 정탐꾼을 보냈나요?(13:2-3)

①시내산 ②르비딤 ③**바란 광야** ④신 광야

50. 모세는 눈의 아들 호세아를 무엇으로 불렀나요?(13:16)

①갈렙 ②**여호수아** ③바호세아 ④에스겔

51. 포도송이가 달린 가지를 둘이 막대기에 꿰어 메고온 장소는?(13:23)

①아골 골짜기 ②비스가 골짜기

③소렉 골짜기 ④**에스골 골짜기**

52. 정탐꾼이 돌아온 후 우리는 스스로 무엇과 같다고 하였나요?(13:33)

①**메뚜기** ②지렁이 ③어린양 ④불뱀

53. 우리가 한 (   ) 세우고 애굽으로 돌아가자 하매, 괄호 안에?(14:4)

①**지휘관을** ②제사장을 ③대장을 ④우상을

54. 정탐한 땅이 심히 아름다운 땅이라고 말한 사람은?(14:6-7)

①모세, 아론 ②모세 ③**여호수아, 갈렙** ④여호수아

55. 이스라엘 자손이 하나님을 몇 번이나 시험했다고 했나요?(14:22)

①3번 ②수를 셀 수 없이 ③5번 ④**10번**

56. 이스라엘 정탐꾼들이 가나안 땅을 정탐한 날수는 얼마인가?(14:34)

①30일 ②**40일** ③50일 ④48일

57. 가나안 땅에서 양식을 먹을 때 무엇을 드리라 했나요?(15:19)

①**거제** ②번제 ③소제 ④전제

58. 한 사람이 부지중에 범죄하면 무엇으로 속죄제를 드리나요?(15:27)

①수송아지 한 마리 ②수염소

③비둘기 한 쌍 ④**일 년 된 암염소**

59. 광야에서 안식일에 나무를 한 사람은 어떻게 되나요?(15:32,35)

①광야로 내어보냄 ②**돌로 쳐 죽임** ③굶주리게 함 ④옥에 가둠

60. 여호와의 모든 계명을 기억하도록 하기 위해서 만든 것은?(15:39)

①**술** ②단추 ③모자 ④끈실

61. 모세를 거역하기 위해 당을 지은 사람에 속하지 않는 사람은?(16:1-2)

①고라 ②다단 ③**미리암** ④아비람

62. 모세는 고라와 그들 일당에게 무엇을 가져오라고 했나요?(16:6)

①번제물 ②불 ③**향로** ④칼

63. 고라가 모세와 아론을 대적할 때 나타난 것은 무엇인가요?(16:19)

①천둥 ②하늘이 깜깜해짐 ③불 ④**여호와의 영광**

64. 분향하던 사람을 몇 명이나 산 채로 스올에 빠지게 하였나?(16:33,35)

①**250명** ②200명 ③150명 ④100명

65. 각 조상의 가문을 따라 준비하고 이름을 쓰게 한 것은?(17:2)

①향로 ②그릇 ③불 꼬챙이 ④**지팡이**

66. 하나님이 택한 자의 지팡이에서는 무엇이 난다고 했나요?(17:5)

①**싹** ②살구 꽃 ③곰팡이 ④연기

67. 모세가 지팡이 12개를 여호와 앞 어디에 두도록 했나요?(17:7)

①성소 ②**증거의 장막 안**

③번제단 ④성전의 안뜰

68. 아론의 지팡이에 무엇이 열렸다고 했나요?(17:8)

①감람 열매 ②포도 ③**살구 열매** ④무화과

69. 아론을 도와 그의 직무와 장막의 직무를 지키도록 한 사람들은?(18:3)

①단 지파 ②이방인 ③포로로 잡혀온 이들 ④**레위인**

70. 레위인은 성소의 기구와 무엇에 가까이 할수 없나요?(18:3)

①장막 ②**제단** ③제물 ④백성

71. 여호와께 거제로 드리는 십일조는 레위인에게 무엇인가요?(18:24)

①구제 ②뇌물 ③**기업** ④삯

72. 이는 회막에서 일한 너희의 ( )임이니라, 괄호 안에?(18:31)

①**보수** ②수입 ③몫 ④사례

73. 붉은 암송아지의 선택에 대해서 틀린 것은 무엇인가요?(19:2)

①온전함 ②흠이 없음 ③**연약함** ④멍에 매지 않음

74. 부정을 씻는 물을 위해 간직하라고 했던 것은 무엇인가요?(19:9)

①**암송아지의 재** ②깨끗한 물 ③우슬초 ④홍색 실

75. 뚜껑을 열어 놓고 덮지 않은 그릇은 어떠하다 했나요?(19:15)

①먹을 수 없음 ②씻어야 됨

③**모두 부정하다** ④벌레가 생김

76. 부정한 사람이 정결하게 하지 않으면 무엇이 더렵혀지나요?(19:20)

①이스라엘 회중 ②**여호와의 성소** ③자기의 집안 ④율법

77. 가데스에서 회중이 모세와 아론에게로 모여든 이유는 무엇인가?(20:2)

①**물이 없어서** ②배가 고파서 ③여행에 지쳐 ④모세를 반역해서

78. 반석에게 명령하여 물을 내게 할 때 사용한 도구는 무엇인가요?(20:11)

①떨기나무 ②**지팡이** ③곡괭이 ④장대

79. 이스라엘 백성이 가데스를 떠나 지나가기를 거절한 왕은?(20:18)

①모압 왕 ②블레셋 왕 ③두로 왕 ④**에돔 왕**

80. 므리바 물에서 하나님의 말씀을 거역한 까닭으로 죽은 자는?(20:24)

①**아론** ②에돔 왕 ③모세 ④엘르아살

81. 아다림 길에서 이스라엘 자손 몇 사람을 사로잡은 왕은?(21:1)

①모압 왕 ②**아랏의 왕** ③가나안의 장수 ④에돔 왕

82. 이스라엘 자손이 가나안 사람의 성읍을 멸하고 붙인 이름은?(21:3)

①**호르마** ②아모리 ③놋 ④아다림

83. 회중이 불평하며 하나님과 모세를 원망하자 하나님의 진노는?(21:6)

①고기를 먹고 죽음 ②불이 내려옴

③병이 들다 ④**불뱀에 물려 죽음**

84. 바산 길로 올라갔을 때 하나님께서 모세에게 하신 말씀은?(21:33-34)

①**그를 두려워하지 말라** ②돌아가라 ③싸우지 말라 ④멈추어라

85. 이스라엘을 두려워한 모압의 왕은 누구였나요?(22:4)

①십볼 ②발람 ③브올 ④**발락**

86. 나를 위하여 이 백성을 저주하라는 누가 누구에게 한 말?(22:6)

①발락, 브올 ②브올, 발람 ③**발락, 발람** ④십볼, 발락

87. 내가 그대를 높여 크게 존귀하게하겠다고 말한 사람은?(22:16-17)

①**발락** ②시혼 ③헤스본 ④발람

88. 여호와께서 누구의 입을 열어 발람에게 말씀하셨나요?(22:28)

①발람 ②미디안 장로 ③발락 ④**나귀**

89. 하나님이 저주하지 않으신 자를 저주할 수 없다고 한 자는?(23:8)

①발락 ②모압의 장로 ③나귀 ④**발람**

90. 야곱의 티끌을 누가 능히 세며에서 '티끌'의 의미는?(23:10)

①**이스라엘 자손** ②이스라엘의 대적

③모압 백성 ④가나안 사람들

91. 하나님은 인생이 아니시니 무엇이 없으신가요?(23:19)

①거짓 ②복수 ③**후회** ④실수

92. 그의 힘이 들소와 같도다는 누구를 가리키는 말인가요?(23:22)

①**이스라엘 자손** ②이스라엘의 대적

③모압 백성 ④가나안 사람들

93. 발람의 예언에 해당되지 않는 내용은 무엇인가요?(24:4)

①**먹는 자** ②듣는 자 ③눈을 뜬 자 ④보는 자

94. 한 별이 야곱에게서 나오며에서 '별'은 누구를 가리키나요?(24:17)

①모세 ②아론 ③바라바 ④**예수님**

95. 에돔과 세일은 누구에게 유산이 된다고 하셨나요?(24:18)

①발락 ②십볼 ③모압 ④**이스라엘**

96. 네 거처가 견고하고 네 보금자리는 바위에 있도다는 어디 족속?(24:21)

①모압 ②**겐 족속** ③암몬 ④에돔

97. 이스라엘이 백성은 싯딤에서 모압 여자들과 무엇을 했나요?(25:1)

①**음행** ②오락 ③의형제를 맺음 ④싸움

98. 이스라엘 백성이 바알브올에 가담하자 누가 진노했나요?(25:3)

①모세　②바알　③아론　④**여호와**

99. 비느하스가 창을 들어 배를 꿰뚫어 죽은 미디안 여인은 누구인가?(25:15)

①시므리　②**고스비**　③암논　④수르

100. 여호와께서 모세에게 대적하여 치라 한 자들은 누구인가?(25:17)

①시므리인　②모압 여자들　③모압인　④**미디안인**

101. 전쟁에 나갈만한 모든 자를 계수할 때 몇 세 이상인가?(26:2)

①18세 이상　②19세 이상　③**20세 이상**　④25세 이상

102. 고라의 무리가 땅에 삼켜져 죽을 때 죽지 않은 자들은?(26:11)

①엘르아살　②르우벤 자손

③**고라의 아들들**　④아론과 그의 아들

103. 육십만 천칠백삼십 명은 누구의 숫자인가요?(26:51)

①미디안인　②광야에서 죽은 자들　③**이스라엘 자손**　④모압인

104. 이스라엘 자손 중 계수에 들지 않은 사람들은?(26:62)

①유다의 후손　②**레위인**　③요셉의 아들들　④르우벤의 후손

105. 므낫세 종족중 슬로브핫의 딸들이 아닌 사람은 누구인가요?(27:1)

①말라 ②노아 ③밀가 ④**사라**

106. 아들이 없이 죽자 아버지의 기업을 달라고 요구한 사람은?(27:7)

①레위인 ②**슬로브핫 딸들**

③엘르아살 ④제사장들

107. 모세는 어디에서 조상에게로 돌아간다 하였나요?(27:12-13)

①**아비람 산** ②시내 산 ③바란 광야 ④싯딤

108. 모세가 안수 할 여호수아는 그 안에 무엇이 머물렀나요?(27:18)

①생명 ②믿음 ③담대함 ④**영**

109. 어린 양 을 아침과 해 질때 드려야되는 제사는 무엇인가요?(28:3-4)

①번제 ②속죄제 ③**화제** ④속건제

110. 첫째 달 열넷째 날은 여호와를 위한 어떤 절기인가요?(28:16)

①초막절 ②월삭 ③**유월절** ④수장절

111. 일곱째 날에는 아무일도 하지말고 어떻게 모이라고 했나요?(28:25)

①회개하러 ②제사로 ③몸을 씻고서 ④**성회**

112. 처음 익은 열매를 드리는 날의 이름은 무엇이라 했나요?(28:26)

①**칠칠절** ②유월절 ③오순절 ④감사절

113. 일곱째 달에 이르러는 언제 성회로 모이라고 했나요?(29:1)

①열하루 ②**초하루** ③일곱째 날 ④매일

114. 향기로운 냄새로 무엇으로 여호와께 드리나요?(29:6)

①**화제** ②번제 ③요제 ④속죄제

115. 일곱째 달 초하루와 몇일에도 성회로 모이라고 했나요?(29:12)

①셋째 날 ②열흘 날 ③끝 날 ④**열다섯째 날**

116. 서원제와 낙헌제 외에 따로 드리는 제사에 해당되지 않는 것은?(29:39)

①번제 ②전제 ③**속건제** ④화목제

117. 그가 입으로 말한 대로 다 이행해야 하는 약속은 무엇인가?(30:2)

①약속 ②**서원** ③나실인 ④금주

118. 딸이 어려서 서원했는데 그의 아버지가 허락하지 않으면?(30:5)

①지켜야 함 ②아무 것도 아님

③성령이 지키게 하심 ④**이루지 못함**

119. 결혼한 여자가 경솔하게 서원했는데 남편이 가만히 있으면?(30:6-7)

①무효가 됨 **②지켜야 함** ③남편이 대신 지킴 ④아무 것도 아님

120. 과부나 이혼한 여자의 서원과 서약은 어떻게 해야하나요?(30:9)

①지켜야 함 ②아무 것도 아님 ③보류가 됨 ④무효가 됨

121. 이스라엘 자손의 원수를 누구에게서 갚으라 하셨나?(31:2)

①애굽 **②미디안** ③모압 ④블레셋

122. 미디안의 다섯 왕들중에 죽임을 당한 브올의 아들은 누구인가?(31:8)

①발락 ②레겜 **③발람** ④볼락

123. 불에 견딜 만한 모든 물건은 (　　)을 지나게 하라, 괄호 안에?(31:23)

①물 ②두들김 **③불** ④사막

124. 천부장과 백부장들에게서 무엇을 받아 기념물로 삼았나요?(31:54)

①아이들 **②금**
③전쟁에 나갔던 의복 ④돈

125. 르우벤 자손과 갓 자손이 심히 많이 갖고 있었던 것은?(32:1)

①돈 ②사람-자녀들 ③짐 **④가축 떼**

126. 르우벤 자손과 갓 자손은 어디를 건너지 않겠다고 했나요?(32:5)

①갈릴리 바다 **②요단강** ③얍복강 ④홍해

127. 시혼의 나라와 옥의 나라를 받지 않은 자손은?(32:33)

①시므온 자손 ②갓 자손

③르우벤 자손 ④므낫세 반 지파

128. 므낫세의 아들 마길의 자손이 쳐서 빼앗으라고 한 곳은?(32:39)

①야셀 ②아다롯 **③길르앗** ④가데스바네아

129. 애굽에서 나올 때 이스라엘 자손이 떠난 곳은 어디였나요?(33:3)

①라암셋 ②숙곳 ③신 광야 ④르비딤

130. 샘물 열둘과 종려 칠십 그루가 있던 곳은 어디였나요?(33:9)

①마라 ②믹돌 **③엘림** ④에담

131. 아론은 여호와의 명령으로 어느 산에 올라가 죽었나요?(33:38)

①시내 산 ②느보 산 ③헐몬 산 **④호르 산**

132. 그 땅을 너희 ( ) 너희에게 주었음이라, 괄호 안에?(33:53)

①소유로 ②수고한대로 ③상급으로 ④믿은 대로

133. 그 땅은 너희의 기업이 되리니에서 '그 땅'은 어디인가요?(34:2)

①가데스바네아 ②모압 ③**가나안** ④여리고

134. 이스라엘 자손이 기업으로 받은 땅의 서쪽 경계는 어디인가?(34:6)

①애굽 ②시내 산 ③고센 ④**대해**

135. 기업으로 얻은 가나안 동쪽 경계는 요단을 지나 어디까지인가?(34:12)

①스밤 ②신 광야 ③아인 ④**염해**

136. 땅을 기업으로 나눌 때 엘르아살은 누구와 함께 이 일을 했나?(34:17)

①**여호수아** ②북기 ③엘리사반 ④갈렙

137. 이스라엘 자손은 레위인에게 몇 곳의 성읍을 주라 했나요?(35:6)

①43 곳 ②45 곳 ③36 곳 ④**48 곳**

138. 부지중에 살인한 자는 어디로 피해가라고 했나요?(35:11)

①시온 성 ②**도피성** ③베들레헴 성 ④장망성

139. 도피성으로 피한 자는 언제까지 거기에서 지내야 하나요?(35:28)

①1년 동안 ②백성들이 용서하면

③죽을 때까지 ④**대제사장이 죽으면**

140. 이스라엘 자손이 거주하는 땅을 어떻게 하라 했나요?(35:34)

①**더럽히지 말라** ②씨를 심어라

③집을 지어라 ④구역을 정하라

141. 슬로브핫의 딸들은 어느 지파의 자손에게 속해있었나요?(36:1-2)

①유다 ②잇사갈 ③단 ④**요셉**

142. 슬로브핫의 딸들은 누구와만 결혼을 해야 했나요?(36:6)

①납달리의 후손 ②**요셉의 후손**

③레위의 후손 ④유다의 후손

143. 말라,디르사,호글라,밀가,노아는 누구의 딸들인가요?(36:11)

①여호수아 ②**슬로브핫** ③아론 ④모세

144. 슬로브핫의 딸들의 기업은 누구에게 속하게 되었나요?(36:12)

①아셀 자손 ②에브라임 자손

③**므낫세 자손** ④단의 자손

신명기

1. 모세가 이스라엘 백성에게 어디에서 말씀을 선포했나요?(1:1)

①싯딤　②**아라바 광야**　③유대 광야　④십 광야

2. 각 지파의 수령으로 세울 사람의 조건에 해당되지 않는 것은?(1:13)

①지혜가 있는자　②지식이 있는 자

③**겸손한 자**　④인정을 받은 자

3. 먼저 길을 가서 장막을 치고 불과 구름으로 인도하신 분은?(1:33)

①모세　②**여호와**　③갈렙　④여호수아

4. 여호와께 순종하여 가나안 땅을 밟을 수 있는 여분네의 아들은?(1:36)

①**갈렙**　②아론　③모세　④미리암

5. 하나님이 광야에서 이스라엘 백성들과 얼마 동안 함께 하셨나요?(2:7)

①7년　②**40년**　③12년　④400년

6. 이스라엘 백성이 광야에 있을 당시에 세일 산에는누가 살고 있었나?(2:12)

①**에서의 자손**　②아모리 족속　③미디안 족속　④모압 족속

7. 그데못 광야에서 누구에게 사자를 보내어 땅을 통과하겠다고 했나?(2:26)

①**헤스본 왕 시혼** ②암몬 ③에서의 자손 ④모압

8. 당시에 얍복 강가는 누구에게 소유된 지역이었나요?(2:37)

①에서의 후손 ②**암몬 족속**

③모압 족속 ④미디안 사람

9. 이스라엘 자손이 바산으로 올라가자 그들을 대적했던 사람은?(3:1)

①아낙 자손 ②**옥** ③시혼 ④모압 족속

10. 바산 왕 옥을 쳐서 이긴 후 길르앗은 누구의 땅이 되었나요?(3:3,15)

①**마길** ②갈렙 ③여호수아 ④엘르아살

11. 이스라엘 자손의 선봉으로 나선 지파에 해당되지 않는 지파는?(3:12-15)

①르우벤 ②갓 ③므낫세 ④**에브라임**

12. 모세는 어느 산에서 요단을 건너지 못한다는 말을 들었나요?(3:27)

①헤르몬 산 ②시내 산 ③**비스가 산** ④호르 산

13. 여호와께서 호렙산 ( ) 중에서 백성에게 말씀하셨나?(4:15)

①물길 ②**불길** ③바람 ④묵상

14. 어떤 형상의 우상도 조각하지 말라는 몇 번째 계명인가?(4:23)

①제 2계명 ②제 3계명 ③제 5계명 ④**제 1계명**

15. 위로 하늘에나 아래로 땅에 오직 무엇이 한 분인가?(4:39)

①바알 ②**여호와** ③도움자 ④협력자

16. 요단 동쪽의 도피성에 해당되지 않는 지역은 어디인가요?(4:43)

①바산 골란 ②**헤스본** ③길르앗 라못 ④베셀

17. 나 외에는 다른 ( )을 네게 두지 말지니라, 괄호 안에?(5:7)

①**신들** ②애굽의 신

③가나안 땅의 우상 ④우상

18. 여호와를 사랑하고 계명을 지키는 자들은 몇 대까지 은혜를 받나?(5:10)

①삼 대까지 ②백 대까지 ③삼백 대까지 ④**천 대까지**

19. 네 이웃의 모든 무엇을 탐내지 말라고 하셨나요?(5:21)

①자녀를 ②**소유를** ③재물을 ④귀중한 것을

20. 여호와께서는 10 가지의 규례와 법도를 어디에 써주셨나요?(5:22)

①양피지 ②**두 돌판** ③해달의 가죽 ④세마포

21. 너는(　　)을 다하고(　　)을 다하고 힘을 다하여 여호와를 사랑하라?(6:5)

①**마음, 뜻**　②생각, 마음　③열심,생각　④혼,영

22. 다음의 낱말들에서 연결되지 않는 것은 무엇인가요?(6:11)

①**전쟁에 나갈 무기**　②심지 않은 포도원

③물건이 가득한 집　④파지 아니한 우물

23. 맛사에서 한 것처럼이스라엘 자손은 누구를 시험하지 말라 했나요?(6:16)

①모세　②이방 신　③여호수아　④**하나님**

24. 사람이 하나님의 모든 명령을 지키면 무엇이라 했나요?(6:25)

①복을 받음　②**의로움**　③원수를 물리침　④보상을 기다림

25. 하나님께서는 가나안의 힘이 센 몇 족속을 쫓아내셨나요?(7:1)

①3족속　②6족속　③**7 족속**　④10족속

26. 여호와를 미워하는 자에게는 어떻게 보응하시나요?(7:10)

①하루뒤에　②사흘뒤에　③천천히　④**당장에**

27. 여호와가 넘겨주신 모든 민족의 신을 섬기면 어떻게 되나요?(7:16)

①저주받음　②**올무가 됨**　③축복받음　④진멸됨

28. 너는 그것을 멀리하며 심히 미워하라에서 '그것은'?(7:26)

①싸움 ②불평 ③도적질 한 것 ④**가증한 것**

29. 이스라엘 백성에게 광야40년 길을 걷게 하신 이유가 아닌것은?(8:2)

①낮추심 ②**진멸하심**

③시험하심 ④명령을 준행함

30. 밀과 보리의 소산지며 철과 동을 캘 수 있는 땅은 어디인가?(8:8-9)

①모압 땅 ②에돔 땅 ③**가나안 땅** ④암몬 땅

31. 이스라엘 백성이 무엇 때문에 여호와를 잊어 버릴까 염려하시나?(8:14)

①**교만** ②불신앙 ③원망 ④죄악

32. 여호와을 잊어버리고 신들을 섬기고 절하면 어떻게 되나요?(8:19)

①낮추심 ②**멸망함** ③징계하심 ④용서하심

33. 이스라엘 자손이 가나안 땅에 들어갈 때 누가 제일 먼저 갔나요?(9:1)

①아론 ②**하나님** ③여호수아 ④엘르아살

34. 모세에게 준 돌판의 글은 누가 기록하였나요 ?(9:10)

①아론 ②모세 ③여호수아 ④**하나님**

35. 여호와를 격노하게 했던 장소가 아닌 곳은 어디인가요?(9:22)

①다베라 ②맛사 ③**가데스 바네아** ④기브롯 핫다아와

36. 주의 큰 능력과 무엇으로 이스라엘백성을 인도하여 내셨나?(9:29)

①**펴신 팔** ②큰 소리 ③우뢰로 ④진노

37. 하나님께서는 모세에게 십계명을 몇 번째로 주셨나요?(10:4)

①**두 번째** ②첫 번째 ③세 번째 ④네 번째

38. 자기 형제들 중에 기업이 없는 레위 지파에게 기업은?(10:9)

①이스라엘 백성 ②가나안 땅

③이스라엘의 소유 ④**여호와**

39. 여호와의 명령과 규례는 이스라엘 자손의 무엇을 위하나요?(10:13)

①거룩함 ②하나님께의 제사 ③**행복** ④단결

40. 여호와께서 크고 두려운 일을 누구를 위하여 행하셨나요?(10:21)

①**너를** ②애굽을 ③아모리 족속을 ④이방인을

41. 오늘 너희에게 명하는 모든 (　　) 지키라, 괄호 안에?(11:8)

①약속을 ②**명령을** ③비밀을 ④서원을

42. 하늘을 닫아 비를 내리지 않는 것은 하나님의 무엇인가?(11:17)

①복수 ②다툼 ③하나님과는 상관없음 ④**진노**

43. 약속하신 땅에 들어가게 되면 어디에서 축복을 선포하라 하셨나?(11:29)

①시내 산 ②헤르몬 산 ③**그리심 산** ④호르 산

44. 약속하신 땅에 들어가게 되면 어디에서 저주를 선포하라 하셨나?(11:29)

①느보 산 ②호르 산 ③그리심 산 ④**에발 산**

45. 가나안 사람들이 섬기던 신들이 있던 장소는 어떻게 해야하나?(12:2)

①**파멸하라** ②보존하라 ③성소로 삼음 ④기념물로 지정함

46. 하나님 여호와께서 택하신 곳에 무엇을 두려 하셨나요?(12:11)

①아름다운 서원물 ②**자기의 이름**

③희생제물 ④너희의 십일조

47. 고기를 먹되 물 같이 땅에 쏟으라고 하신 것은 무엇인가요?(12:24)

①번제물의 가죽 ②**피** ③짐승의 뼈 ④번제물의 배설물

48. 하나님 여호와의 목전에 선과 의를 행하면 어떻게 해 주시나요?(12:28)

①**복을 주심** ②나라가 오래 감 ③전쟁에 이김 ④죽지 않음

49. 마음을 다하고 뜻을 다하여 사랑해야 할 대상은 누구인가요?(13:3)

①**여호와** ②모세 ③자기 자신 ④선지자

50. 하나님 여호와를 따를 때 해당되지 않는 말은 무엇인가?(13:4)

①경외함 ②**피 제사를 지냄** ③청종함 ④의지함

51. 사람이 어떤 말로 꾀일 때 용서 없이 죽이라 했나요?(13:6,9)

①**다른 신을 섬기자** ②불평하라

③모세를 떠나자 ④동족을 미워하라

52. 어떤 물건에 손에 대지 말아야 진노가 그친다고 하였나요?(13:17)

①가증한 ②부정탄 ③불에 태워야 할 ④**진멸할**

53. 이스라엘 자손에게 어떠한 것은 무엇이든지 먹지말라고 하셨나?(14:3)

①**가증한 것** ②우상의 제물 ③가나안의 음식 ④애굽에서 먹던 것

54. 하나님이 허락하신 먹을만한 짐승에 해당되지 않는 것은?(14:4)

①소 ②양 ③**낙타** ④염소

55. 새 중에 먹을 수 없는 것에 해당되지 않는 새는 무엇인가요?(14:12)

①**비둘기** ②독수리 ③솔개 ④물수리

56. 이스라엘 자손은 무엇에 대하여 항상 배우라 하셨나요?(14:23)

①**여호와 경외** ②제사를 지킴 ③십일조를 드림 ④제사법

57. 이스라엘 자손이 매 칠 년 끝에 해야 할 것은 무엇인가요?(15:1)

①이자를 탕감 ②**면제**

③십일조를 드림 ④갑절의 십일조를 드림

58. 가나안 땅에 들어가서 필요한 것을 꾸어 줄 때 어떻게 하라 했나?(15:8)

①거저 ②이자받고 ③갑절로 ④**넉넉히**

59. 형제 중 곤란한 자와 궁핍한 자에게 어떻게 하라 했나요?(15:11)

①**손을 펴라** ②외면하라 ③거절하라 ④이자로 빌려주라

60. 소와 양의 처음 난 수컷은 누구의 것이라 했나요?(15:19)

①모세 ②**하나님** ③제사장 ④레위인

61. 이스라엘 백성이 애굽에서 나온 때는 언제였나요?(16:1)

①12월 ②유월절 ③니산월 ④**아빕월**

62. 이레 동안 애굽 땅에서 나온 날을 기념하며 먹어야 하는 것은?(16:3)

①유교병 ②**무교병** ③전병 ④보리떡

63. 소출을 거두어 들인 후에 이레 동안 지켜야 하는 절기는?(16:13)

①유월절 ②칠칠절 ③나팔절 ④**초막절**

64. 지혜자의 눈을 어둡게 하며 의인의 말을 굽게 하는 것은?(16:19)

①**뇌물** ②권력 ③부 ④혀

65. 다른 신들을 섬겨 그것에게 절하면 어떻게 하라 했나요?(17:3,5)

①감옥에 가둠 ②불에 태움

③**돌로 쳐 죽임** ④사막으로 보냄

66. 제사장이나 재판장에게 듣지 않으면 어떻게 하라 했나요?(17:12)

①굶김 ②**죽임** ③쫓아 냄 ④짐승에게 줌

67. 아스라엘에 왕을 세우려면 어디 중에서 세워야 하나요?(17:15)

①타지 ②주변 ③이웃 ④**형제**

68. 왕이 하지 말아야 할 것에 해당되지 않는 것은 무엇인가요?(17:16-17)

①많은 병마 ②많은 아내 ③**많은 신하** ④많은 은,금

69. 여호와께서 레위 사람과 제사장들은 무엇이 없다고 하였나?(18:1)

①**기업** ②제물 ③자식 ④후손

70. 여호와께서 그들의 기업이 되심이니에서 그들은 누구인가요?(18:2)

①시므온 지파 **②레위 지파** ③유다 지파 ④에브라임 지파

71. 진언자나 신접자나 박수나 초혼자는 어떻게 하라고 했나요?(18:11)

①용납하지않음 ②용서함 ③사랑함 ④기도해줌

72. 누구든지 여호와가 보낸 선지자의 말을 듣지 아니하면?(18:19)

①죽임을 당함 ②병에 걸림 **③벌을 받음** ④징계함

73. 부지중에 그의 이웃을 죽인 사람을 살려주는 성읍의 이름은?(19:3)

①도피성 ②시온성 ③구원성 ④아사셀

74. 고의로 이웃을 죽이고 도피성으로 도망한 사람들이 받는 벌은?(19:11-12)

①재판장이 벌을 내림 ②제사장이 저주를 함

③종살이를 시킴 **④보복자의 손에 넘겨 죽임**

75. 무죄한 피를 흘린 죄를 어디에서 제하라고 했나요?(19:13)

①포로들 **②이스라엘** ③제사장 지파 ④이방인들

76. 기업의 땅에서 조상이 정한 이웃의 것을 옮기지 말 것은?(19:14)

①매매하는 일 **②경계표** ③거주지 ④재산

77. 적과 싸우려 할 때 말과 병거와 백성이 우리보다 많다면?(20:1)

①**두려워 말라** ②양보하라 ③뒤로 물러서라 ④타협을 하라

78. 적군과 싸울때 가져야 될 마음가짐에 대해 틀린 것은 무엇인가?(20:3)

①겁내지 말라 ②떨지 말라 ③**울지 말라** ④놀라지 말라

79. 어떤 성읍을 칠려고 하기 전에 먼저 하라고 한 것은 무엇인가요?(20:10)

①전투를 알림 ②미리 정탐함 ③제사를 드림 ④**화평을 선포**

80. 성읍을 점령할 때 도끼를 둘러 무엇을 찍어내지 말라고 하였나?(20:19)

①집들을 ②성벽을 ③**나무를** ④우상을

81. 이스라엘 자손의 소송과 판결은 누구에게 맡겨졌나요?(21:5)

①각 지파의 장로 ②**레위 자손 제사장**

③아론의 후손 ④모세가 지명

82. 무죄한 자의 ( )를 너희 중에서 제할지니라, 괄호 안에?(21:9)

①고소 ②하나님의 진노 ③분노 ④**피 흘린 죄**

83. 포로를 아내로 삼을 때 해당되지 않은 내용은 무엇인가요?(21:11-13)

①**벌거벗김** ②집으로 데려감 ③손톱을 벰 ④머리를 밈

84. 아버지가 자기의 소유에서 두 몫을 주어야 될 자는 누구인가?(21:17)

①아내 ②집에서 쫓아내는 자 ③**아들-장남** ④딸-장녀

85. 네 형제의 소나 양이 길 잃은 것을 보거든 어떻게 해야하나요?(22:1)

①내 것으로 여김 ②못 본 체 함

③**형제에게 데려감** ④제사장에게 줌

86. 네 포도원에 무엇을 섞어 뿌리지 말라고 했나요?(22:9)

①**두 종자를** ②비료를 ③흙을 ④나무를

87. 처녀에게 누명을 씌우면 벌금 얼마를 내고 아내로 삼나요?(22:19)

①금 100세겔 ②은 1달란트 ③자기의 돈 전부 ④**은 100세겔**

88. 약혼한 여자가 다른 남자와 성읍에서 동침하면 어떻게 하나?(22:23-24)

①결혼해야됨 ②여자를 죽임 ③**둘 다 죽임** ④남자를 죽임

89. 고환이 상한 자나 음경이 잘린 자가 들어가지 못하는 곳은?(23:1)

①레위 지파 ②제사장의 그룹 ③**여호와의 총회** ④성소

90. 신 23:5절에 네 하나님 여호와께서란 말이 몇 번 반복되었나요?(23:5)

①1번 ②2번 ③**3번** ④4번

91. 어떤자의 돈을 하나님 여호와의 전에 가져오지 말라고 했나요?(23:18)

①제사장 ②장사꾼의 소득 ③레위인의 소득 ④**개 같은 자의 소득**

92. 누구에게 꾸어주거든 이자를 받지 말라고 했나요?(23:19)

①어린아이 ②하인 ③**형제** ④이방인

93. 아내에게 수치스런 일이 있으면 무엇을 써주고 내보내나요?(24:1)

①위자료 포기서 ②**이혼증서**

③위자료를 준다는 약속 ④아내의 죄

94. 이웃에게 무엇을 꾸어줄 때 그의 집에서 취하지 말 것은?(24:10)

①증거의 물품 ②살림 도구 ③가축 ④**전당물**

95. 누구의 옷을 전당 잡아서는 안 된다고 했나요?(24:17)

①여인 ②노인 ③**과부** ④장로

96. 곡식 한 묶음을 밭에 두고 왔다면 누구를 위해 남겨 두라고 했나?(24:19)

①제사장 ②이방인 ③짐승 ④**과부**

97. 악인에게 매를 때릴 때 최고 몇 대까지 때리라 했나요?(25:2-3)

①**40대** ②50대 ③30대 ④12대

98. 남편이 죽으면 아내는 누구와 재혼을 하라 했나요?(25:5)

①남의 집 남자 **②남편의 형제**

③사촌 ④결혼 안 한 남자

99. 주머니에 크고 작은 두 종류의 무엇을 넣지 말라고 했나요?(25:13)

①실 ②약속이 되는 물건 ③돈 **④저울추**

100. 출애굽시 뒤에 떨어진 약한 자들을 친 족속은 어디인가요?(25:17-18)

①아말렉 ②에돔 ③아람 ④모압

101. 여호와께서 이스라엘 백성의 조상은 어디 사람이라고 했나요?(26:5)

①암몬 ②에돔 **③아람** ④블레셋

102. 여호와께서 강한 손과 편 팔과 큰 위엄과 이적과 기사로 하신 일은?(26:8)

①출애굽 ②요단 가름 ③불을 내림 ④물을 내심

103. 셋째 해에 드리는 십일조로 배불리 먹을 수 없는 사람은?(26:12)

①각 지파의 두목 ②레위인 ③나그네(객) ④고아

104. 너를 네 하나님 여호와의 (　　)이 되게 하시리라, 괄호 안에?(26:19)

①백성 ②포로 ③민족 **④성민**

105. 요단을 건넌 후에 율법의 모든 말씀을 어디에 기록하라고 하였나?(27:2)

①율법 ②**큰 돌들** ③이스라엘 자손 ④사람의 심령

106. 백성을 축복하는 그리심 산에 서지 않은 지파는 누구인가요?(27:12)

①**납달리** ②시므온 ③레위 ④베냐민

107. 그의 부모를 경홀히 여기는 자는 어떻게 된다고 했나요?(27:16)

①시험을 받음 ②고난을 당함

③자손이 끊어짐 ④**저주를 받음**

108. 그의 이웃을 어떻게 하는 자가 저주를 받나요?(27:24)

①해치는 ②**암살하는** ③억울하게 하는 ④모함하는

109. 성읍에서도 복을 받고 들에서도 복을 받을 수 없는 비결은?(28:1,3)

①지켜 ②듣고 ③**외우고** ④행하며

110. 저주와 혼란과 책망을 내리사 망하게되는 비결은 무엇인가?(28:20)

①기도함 ②회개함 ③**악을 행함** ④게으름

111. 불순종하면 모든 나무와 토지 소산은 누가 먹는다고 하였나?(28:42)

①벌레 ②파리 떼 ③진드기 ④**메뚜기**

112. (　　)이 위험에 처하고 밤낮 두려워하며 네 (　　)을 확신할 수 없으며?(28:66)

①**생명**　②집　③가족　④가축

113. 여호와께서 이스라엘 백성에게 주시지 않은 것은 무엇인가?(29:4)

①**말하는 입**　②깨닫는 마음　③듣는 귀　④보는 눈

114. 여호와의 말씀을 어떻게 할 때 모든 일이 형통한다고 했나?(29:9)

①외울 때　②**지킬 때**　③마음에 새길 때　④깨달을 때

115. 저주의 말을 듣고도 스스로 복을 비는 사람이 받는 벌은?(29:19-20)

①벌을 받음　②**모든 저주를 그에게 더하심**

③용서하지 않으심　④복을 주심

116. 여호와의 진노로 멸망을 당한 땅과 관계가 없는 곳은?(29:23)

①소돔　②아드마　③**베들레헴**　④스보임

117. 여호와께서 이스라엘 백성의 마음에 무엇을 행하셨다고 했나요?(30:6)

①위로　②축복　③고난　④**할례**

118. 너를 미워하고 핍박하던 자에게에서 '너'는 누구인가요?(30:7)

①모세　②모압 백성　③**이스라엘 자손**　④바로

119. 하나님의 말씀이 입에 있고 마음에 있다면 어떻게 할수 있나?(30:14)

①적을 물리침 ②**행할 수 있음** ③구원을 받음 ④벌을 피함

120. 유혹을 받아 다른 신들에게 절하고 그를 섬기면 어떻게 되나요?(30:17-18)

①**반드시 망함** ②환난을 겪음

③귀신들이 지배함 ④보호를 받음

121. 모세가 온 이스라엘 백성앞에서 누구를 불러 강하고 담대하라고 했나?(31:7)

①아비람 ②아론 ③**여호수아** ④미리암

122. 여호와께서 장막에 나타나셨을 때 구름 기둥은 어디에 머물렀나?(31:15)

①**장막 문 위** ②하늘에 ③이스라엘 자손에게 ④모세의 머리 위

123. 이스라엘 자손이 하나님을 잊지 않도록 누가 노래를 썼나요?(31:22)

①미리암 ②아론 ③여호수아 ④**모세**

124. 언약궤 곁에두어 이스라엘 자손에게 증거가 되게 하라고 하신 것은?(31:26)

①이방인의 물건들 ②**율법책** ③싹 난 지팡이 ④모세의 지팡이

125. 내 교훈은 무엇처럼 내리고 내 말은 이슬처럼 맺힌다고 하셨나?(32:2)

①눈 ②우박 ③**비** ④번개

126. 여호와께서 이스라엘 자손을 어떻게 인도하셨나요?(32:12)

①**홀로** ②이방신의 도움으로 ③군사들과 함께 ④바람으로

127. 그들의 포도는 독이 든 포도라고한 도시는 어디를 말하나요?(32:32)

①벧엘 ②요단 ③**소돔** ④여리고

128. 모세가 가나안 땅을 바라보고 죽은 산은 어느 산인가요?(32:50)

①**호르 산** ②헐몬 산 ③시내 산 ④느보 산

129. 모세가 죽기 전에 이스라엘 자손을 위하여 무엇을 하였나?(33:1)

①**축복함** ②각 지파의 지도자를 세움

③장례식을 부탁 ④가족을 부탁

130. 여수룬에 왕이 있었으니에서 '여수룬'의 의미는?(33:5)

①애굽 ②아브라함의 다른 이름 ③**이스라엘** ④천국

131. 곡식과 새 포도주의 땅에 홀로 있는 것은 무엇이라 했나요?(33:28)

①**야곱의 샘** ②애굽 ③가나안 땅 ④모압

132. 여호와의 ( ) 너 같이 얻은 백성이 누구냐, 괄호 안에?(33:29)

①사랑을 ②**구원을** ③자비를 ④복을

133. 여호와께서 모세에게 길르앗 온 땅을 보이신 곳은 어디인가?(34:1)

①시내산 ②모압평지 ③**비스가 산** ④에발산

134. 모세가 죽을 때의 나이는 몇세 인가요?(34:7)

①90세 ②100세 ③110세 ④**120세**

135. 모세가 죽은 후에 이스라엘 자손은 며칠을 애곡했나요?(34:8)

①300일 ②21일 ③**30일** ④40일

136. 이스라엘에 누구 후에 그와 같은 선지자가 나오지 못했나요?(34:10)

①바로 ②**모세** ③여호수아 ④아론

여호수아

1. 눈의 아들로서 모세의 수종자는 누구인가요?(1:1)

①갈렙 ②하나님 ③**여호수아** ④모세

2. 여호수아에게 무엇을 입에서 떠나지 말게 하라 했나요?(1:8)

①**율법책** ②언약 ③명령 ④찬송

3. 여호수아가 이 땅을 너희에게 주리라고 말한 지파가 아닌 것은?(1:12-13)

①르우벤 지파 ②갓 지파

③므낫세 지파 ④**유다 지파**

4. 백성들이 모세에게 순종한 것같이 누구에게 순종한다고 하였나?(1:17)

①**여호수아** ②하나님 ③갈렙 ④모세

5. 여호수아가 두 명의 정탐꾼을 어디에서 보냈나요?(2:1)

①**여리고** ②싯딤 ③요단 ④길보아

6. 너희로 말미암아 사람이 정신을 잃었나니는 누가 한 말인가?(2:11)

①**라합** ②정탐꾼들 ③여리고의 군사 ④갈렙

7. 라합이 정탐꾼들을 어디로 달아 내렸다고 했나요?(2:15)

①옥상 ②**창문** ③다락문 ④창고문

8. 라합은 무엇을 자기 집의 창문에 매달았나요?(2:21)

①**붉은 줄** ②붉은 광주리 ③검은 줄 ④붉은 바지

9. 제사장들이 언약궤 메는 것을 보거든 어떻게 하라 했나요?(3:3)

①명령을 기다림 ②**그 뒤를 따름** ③쳐다봄 ④무릎을 꿇어 기도

10. 너희는 자신을 성결하게 하라에서 '자신을'은 누구인가요?(3:5)

①여호수아 ②제사장들 ③**이스라엘 자손** ④레위인들

11. 제사장들의 발바닥이 요단 물을 밟았을 때 일어난 기적은?(3:13)

①바닥이 올라옴 ②물살이 약해짐

③강이 마름 ④**흐르던 물이 끊어짐**

12. 여호와의 언약궤를 맨 제사장들은 요단 강 어디에 서 있었나?(3:17)

①초입에 ②**가운데** ③끝에 ④물가에

13. 요단강을 건넌 기념으로 돌 열두 개를 어디에서 택하라고 했나?(4:3)

①광야에서 ②**제사장들이 섰던 곳** ③요단의 들 ④앞으로 살곳

14. 백성들보다 앞서 여리고 평지에 이르지 않은 지파는?(4:12-13)

①갓 자손 ②르우벤 자손 ③**요셉 자손** ④므낫세 반 지파

15. 언약궤를 맨 제사장들이 요단에서 나오자 어떻게 되었나요?(4:18)

①**강물이 다시 흐름** ②홍수가남 ③비가쏟아짐 ④바닥이 내려감

16. 요단물을 마르게 한 것을 어디를 마르게 한 것과 같다고 했나요?(4:23)

①광야 ②얍복 강 ③미디안 땅 ④**홍해**

17. 요단물을 건너게 한 것을 보고 정신을 잃어버린 해변의 사람들은?(5:1)

①소돔의 왕들 ②고모라의 왕들 ③모압 왕 ④**가나안의 왕들**

18. 광야 길에서 난 자들에게 여호수아가 행한 것은 무엇인가요?(5:5)

①율법을 가르침 ②**할례** ③언약을 받음 ④번제를 드리게 함

19. 백성이 여리고 땅의 소산물을 먹은 다음 날에 본 기적은?(5:12)

①**만나가 그침** ②해가 떨어지지 않음

③땅이 변함 ④농작물이 풍성함

20. 여리고에서 여호수아에게 신을 벗으라고 말한 사람은?(5:15)

①갈렙 ②**여호와의 군대 대장** ③모세 ④미리암

21. 여리고성 주위를 매일 한 번씩 돌되 몇일 동안 돌으라고 했나요?(6:3)

①이틀 ②나흘 ③닷새 ④**엿새**

22. 몇 사람의 제사장들이 양각 나팔을 불고 행진하며 돌았나요?(6:13)

①3명 ②4명 ③6명 ④**7명**

23. 여리고 성벽은 어떻게 하니 무너져 내렸나요?(6:20)

①나팔소리에 ②**소리 질러 외침** ③불을 지름 ④성문을 부숨

24. 여리고 성을 건축하는 자는 여호와 앞에서 어떻게 된다고 했나?(6:26)

①돌에 맞아죽음 ②옥에 가둠 ③문둥병에 걸림 ④**저주를 받음**

25. 아이 사람들이 이스라엘 군사를 몇 명이나 쳐죽였다고 했나요?(7:5)

①16명 ②**36명쯤** ③160명쯤 ④360명

26. 이스라엘이 아이성 에서 패한 이유는 무엇 때문인가요?(7:11)

①**물건을 도적질 함** ②훈련의 부족

③전쟁에 미숙 ④아이의 군사가 강함

27. 아간의 범죄중에 해당되지 않는 것은 무엇인가요?(7:21)

①외투 한 벌 ②은 이백 세겔 ③**값진 진주** ④금덩이 하나

28. 이스라엘 백성이 범죄한 아간에게 어떻게 했나요?(7:25)

①광야로 보냄 ②불살라죽임 ③**돌로 쳐죽임** ④골짜기에 버림

29. 여호수아가 아이성의 점령을 위해 몇 명의 용사를 세웠나요?(8:3)

①만 명 ②오천 명 ③이만 명 ④**삼만 명**

30. 성읍 서쪽 벧엘과 아이 사이에 매복시킨 이스라엘 군사는?(8:12)

①**약 오천 명** ②삼만 명 ③약 삼천 명 ④40 명

31. 엎드러진 아이 성 사람들은 남녀가 모두 몇 명이었나요?(8:25)

①이천 명 ②만 명 ③이만 명 ④**만 이천 명**

32. 아이를 정복한 후에 여호수아는 에발산에 무엇을 쌓았나요?(8:30)

①아이 사람들의 시체 ②**제단** ③돌무더기 ④승전 기념비

33. 이스라엘에 맞서서 싸우려 하지 않은 이들은 누구였나요?(9:1-2)

①헷 사람 ②**갈대아 사람** ③아모리 사람 ④히위 사람

34. 기브온 주민들이 꾀를 내어 죽음을 모면했던 방법이 아닌 것은?(9:3-5)

①곰팡이가 난 떡 ②**칼과 단창**

③해어진 전대 ④낡아서 기운 신

35. 여호수아가 여호와께 묻지 않고 살려 준다는 조약을 맺은 주민들은?(9:14)

①여부스 주민 ②브리스 주민

③**기브온 주민** ④아모리 주님

36. 이스라엘 자손의 손에서 건져서 죽이지 못하게 한 사람들은?(9:26)

①**기브온 사람** ②가나안 사람 ③여부스 사람 ④히위 사람

37. 여호수아가 여리고와 아이를 정복했음에 두려워한 왕은?(10:1-2)

①미디안 왕 ②헤롯 ③**아도니세덱** ④시혼

38. 여호수아는 태양이 어디에 머물라고 기도했나요?(10:12)

①**기브온 위** ②헤브론 ③에글론 ④아얄론 위

39. 라기스를 누가 이스라엘의 손에 넘겨주었다고 했나요?(10:32)

①예루살렘 왕 ②여부스 사람 ③여호수아 ④**여호와**

40. 여호수아가 호흡이 있는 모든 자는 어떻게 하였나?(10:40)

①불사름 ②**진멸** ③포송 ④포로로

41. 가나안 여러 왕들이 이스라엘과 싸우려고 나와 진을 친 곳은?(11:5)

①미스바 ②**메롬 물 가** ③헤르몬 산 ④아라바 평지

42. 이들 동맹군들의 머리 격인 나라는 어느 나라였나요?(11:10)

①**하솔** ②마돈 ③악삽 ④시므론

43. 동맹군들을 물리친 후 여호수아는 어느 나라를 불살랐나요?(11:13)

① 시므론 ②히위 ③악삽 ④**하솔**

44. 아낙 사람들이 남아있는 곳에 해당되지 않는 지역은 어디인가?(11:22)

①아스돗 ②가사 ③가드 ④**고센**

45. 가나안의 온 땅을 점령하여 전쟁을 그치게한 사람은 누구인가?(11:23)

①갈렙 ②**여호수아** ③이드로 ④바락

46. 헤스본에 거주하던 아모리 족속의 왕은 누구였나요?(12:2)

①요밥 ②**시혼** ③야빈 ④악삽

47. 르바의 남은 족속으로서 바산의 왕은 누구였나요?(12:4)

①야빈 ②요밥 ③악삽 ④**옥**

48. 여호수아는 바알갓에서부터 세일로 가는 어디까지 쳤나요?(12:7)

①아라바 경사지 ②**할락 산**

③길르앗 ④얍복 강

49. 정복하지 못한 요단 서편의 기업을 몇 지파에게 나누어주었나?(13:7)

①여섯 지파 ②**아홉 지파 반** ③열 지파 ④열두 지파

50. 이스라엘 자손이 쫓아내지 않은 족속은 마아갓 족속과 어디인가?(13:13)

①아스돗 족속 ②가사 족속

③**그술 족속** ④아모리 족속

51. 이스라엘 자손이 죽인 발람은 어떤 사람이었나요?(13:22)

①왕 ②**점술가** ③제사장 ④노래하는 자

52. 모세가 기업을 주지 아니한 지파는 어디인가?(13:33)

①유다 지파 ②에브라임 지파 ③**레위 지파** ④시므온 지파

53. 므낫세와 에브라임의 두 지파가 된 자손은 누구인가요?(14:4)

①시므온 ②유다 ③스불론 ④**요셉**

54. 갈렙은 그의 나이 몇 살 때 가나안을 정탐했다 했나요?(14:7)

①85세 ②45세 ③**40세** ④80세

55. 이 산지를 지금 내게 주소서는 누가 요청한 말인가요?(14:6,12)

①여호수아 ②시므온 ③**갈렙** ④유다

56. 헤브론의 옛 이름은 무엇인가요?(14:15)

①**기럇 아르바** ②베들레헴 ③아르논 ④시혼

57. 유다 자손의 지파가 제비를 뽑은 땅의 남쪽은 어디까지 인가요?(15:1)

①**에돔 경계** ②헤스본 ③벧엘 ④대해

58. 옷니엘이 드빌을 점령하여 아내를 얻었는데 누구인가요?(15:17)

①엘르아살 ②아히만 ③달매 ④**악사**

59. 갈렙이 윗샘과 아랫샘을 그에게 주었더라에서 '그'는 누구?(15:19)

①엘르아살 ②**악사** ③달매 ④아히만

60. 유다 자손이 쫓아내지 못한 여부스 족속은 어디에 살았나요?(15:63)

①여리고 ②**예루살렘** ③길갈 ④엔게디

61. 므낫세와 에브라임은 누구의 자손이라 하였나요?(16:4)

①잇사갈 ②**요셉** ③납달리 ④단

62. 동쪽으로 아다롯 앗달에서 윗 벧호론까지는 누가 받았나요?(16:5)

①아간 ②슬로보핫의 딸들

③시므온 ④**에브라임 자손**

63. 에브라임 자손을 위한 성읍과 그 마을들이 누구의 기업에 속했나?(16:9)

①**므낫세** ②스불론 ③갓 ④르우벤

64. 게셀에 거주하는 가나안 족속을 쫓아내지 않은 자손은?(16:10)

①시스라 ②**에브라임** ③레위 ④엘르아살

65. 므낫세는 요셉의 장자였고 요셉의 손자는 누구인가요?(17:1)

①르우벤 ②잇사갈 ③**마길** ④아셀

66. 요단 동쪽 길르앗과 바산은 누구의 소유가 되었나요?(17:5)

①**므낫세** ②르우벤

③납달리 ④에브라임

67. 브리스 족속과 르바임 족속은 어디에 살고 있었나요?(17:15)

①강가 ②골짜기 ③**삼림** ④바닷가

68. 네가 개척하라 그 끝까지 네 것이 되리라는 누가 한 말인가?(17:18)

①므낫세 ②갈렙 ③에브라임 ④**여호수아**

69. 이스라엘 자손의 온 회중은 어디에 모여서 회막을 세웠나요?(18:1)

①므깃도 ②**실로** ③예루살렘 ④베다니

70. 여호와의 제사장 직분이 그들의 기업이 되는 자손은 누구인가?(18:7)

①갓 자손 ②유다 자손 ③베냐민 자손 ④**레위 자손**

71. 기럇바알 곧 기럇 여아림은 어느 자손의 소유가 된 성읍인가?(18:11,14)

①르우벤 ②단 ③유다 ④**베냐민**

72. 예루살렘의 옛 이름은 무엇이었나요?(18:28)

①**여부스** ②레겜 ③오브라 ④벧엘

73. 브엘세바를 자신들이 기업으로 받은 지파는 어디인가요?(19:1-2)

①르우벤 자손 ②단 자손

③**시므온 자손** ④납달리 자손

74. 그들의 기업으로 받은 경계가 사릿까지였던 자손은?(19:10)

①아셀 ②**스불론** ③납달리 ④잇사갈

75. 에브라임 산지 딤낫 세라는 누구의 기업이 되었나요?(19:50)

①**여호수아** ②엘르아살 ③슬로보핫의 딸들 ④갈렙

76. 이스라엘 자손이 기업을 나눌 때 함께 하지 않은 사람은?(19:51)

①여호수아 ②지파의 족장들 ③엘르아살 ④**갈렙**

77. 하나님께서 세우라 하신 도피성은 누구를 위한 것인가요?(20:2)

①애굽 사람들 ②**이스라엘 자손**

③가나안 원주민들 ④여호수아

78. 부지중에 살인한 자가 그리로 도망하도록 한 곳은 어디인가요?(20:3)

①성막 ②에브라임 산지 ③**도피성** ④제사장의 집

79. 살인자는 언제까지 도피성에서 지내야 했나요?(20:6)

①**제사장이 죽으면** ②여호수아의 사면 ③벌금을 내면 ④죽을때

80. 요단 동편의 도피성에 해당되지 않는 지역은 어디인가요?(20:8)

①길르앗 라못 ②바산 골란 ③**실로** ④베셀

81. 이스라엘 자손이 자기 소유의 성읍과 목초지를 내준 사람은?(21:3)

①**레위 사람들** ②제사장 ③가나안 원주민 ④애굽 사람들

82. 제사장 아론의 자손이 받은 곳이 아닌 지역은 어디인가요?(21:13-16)

①립나 ②드빌 ③얏딜 ④**에브라임 산지**

83. 레위 사람들이 이스라엘 자손의 기업중에서 받은 성읍은?(21:41)

①**48성읍** ②12성읍 ③66성읍 ④36성읍

84. 여호와의 (　　)말씀이 하나도 남음없이 다 응하였더라?(21:45)

①생명의　②**선한**　③애굽에 대한　④약속하신

85. 므낫세 반 지파에게 요단 동쪽을 누가 기업으로 준 사람은?(22:7)

①여호수아　②갈렙　③**모세**　④이드로

86. 르우벤 자손과 므낫세 반 지파가 요단 언덕 가에서 한 일은?(22:10)

①깃발을 꽂음　②경계를 세움　③우상에게 제사　④**제단 쌓음**

87. 오직 우리와 너희 사이에 (　　) 되게 할 뿐이라, 괄호 안에?(22:28)

①**증거만**　②유산이　③서원이　④기념이

88. 당시에 제사장 엘르아살의 아들은 누구였나요?(22:31)

①슬로보핫　②요밥　③**비느하스**　④다단

89. 모세의 무엇에서 우로나 좌로나 치우치지 말라고 하였나?(23:6)

①기업으로 받은 땅　②부모의 부탁

③**모세 율법**　④장로들 유전

90. 누가 이스라엘의 옆구리에 채찍이 되며 눈에 가시가 된다고 했나?(23:13)

①암몬　②시돈　③모압　④**가나안**

91. 여호와의 진노가 임하면 그 결과는 어떻게 되나요?(23:16)

①사람이 죽음 ②**속히 멸망함**

③가나안의 종이 됨 ④전염병에 걸림

92. 오직 나와 내집은 여호와를 섬기겠노라고 말한 사람은?(24:15)

①다윗 ②사울 ③**여호수아** ④갈렙

93. 여호수아가 죽기 전에 백성과 더불어 언약을 맺은 곳은?(24:25)

①실로 ②벧엘 ③세일 ④**세겜**

94. 눈의 아들 여호수아는 그의 나이 몇 살에 죽었나요?(24:29)

①100 세 ②130 세 ③**110 세** ④115 세

95. 아론의 아들 제사장 엘르아살이 죽자 어디에 묻혔나요?(24:33)

①**에브라임 산지** ②실로 ③헤브론 ④모압

사사기

1. 유다 지파가 가나안 족속과 싸우러 갈 때 누가 함께 했나요?(1:3)

①잇사갈 지파 ②단 지파 ③므낫세 반 지파 ④**시므온 지파**

2. 모세의 장인 자손은 유다 자손과 함께 어디로 올라갔나요?(1:16)

①베들레헴 ②**종려나무 성읍** ③아스글론 ④예루살렘

3. 벧엘(루스)을 정탐하게 한 것은 누구의 가문이었나요?(1:23)

①아셀 ②베냐민 ③**요셉** ④갓

4. 아모리 족속이 어느 지파 자손을 산지로 몰아넣었나?(1:34)

①잇사갈 지파 ②납달리 지파

③므낫세 반 지파 ④**단지파**

5. 여호와의 사자가 길갈에서 어디로 올라와 이스라엘 백성에게 말했나?(2:1)

①**보김** ②악고 ③게셀 ④헤레스

6. 가나안 족속을 쫓아내지 않아 그들이 어떻게 된다고 했나요?(2:3)

①원수 ②**옆구리에 가시** ③두려움 ④눈엣 가시

7. 이스라엘 자손을 노략자의 손에서 구원해준 사람은 누구인가?(2:16)

①각 지파의 두령들 ②제사장 ③용사들 ④**사사들**

8. 여호와께서 이스라엘에게 진노하여 이방민족을 어떻게 했나요?(2:21)

①**쫓아내지 않으심** ②이스라엘을 공격함

③올무가 되게 하심 ④축복하여 주심

9. 이스라엘 자손이 하나님 여호와를 잊자 어떻게 했나요?(3:7)

①포기함 ②서로 미워함 ③**우상을 섬김** ④자기를 위함

10. 이스라엘 자손을 위하여 처음 사사가 된 사람은 누구인가?(3:10)

①에훗 ②드보라 ③삼손 ④**옷니엘**

11. 이스라엘이 모압 왕 에글론을 몇년 동안 섬겼다고 했나요?(3:14)

①31년 ②7년 ③**18년** ④14년

12. 칼을 빼어 왼손으로 에글론의 몸을 찔러서 죽인 사사는?(3:21)

①옷니엘 ②기드온 ③**에훗** ④삼손

13. 가나안 왕 야빈은 얼마 동안 이스라엘 자손을 학대했나요?(4:3)

①13년 ②**20년** ③9년 ④18년

14. 이스라엘의 사사가 된 랍비돗의 아내이며 여 선지자는?(4:4)

①**드보라** ②라합 ③라헬 ④룻

15. 드보라가 군사 만명을 이끌고 다볼 산으로 가라고 한 사람은?(4:6)

①야빈 ②**바락** ③에훗 ④시스라

16. 시스라가 도망하여 헤벨의 아내인 누구의 장막으로 도망쳤나요?(4:17)

①라헬 ②라합

③**야엘** ④드보라

17. 야엘이 시스라를 죽인 방법에 해당되지 않는 것은 무엇인가?(4:21)

①방망이 ②말뚝 ③관자놀이 ④**칼**

18. 잇사갈 방백들이 르우벤 시냇가에서 무엇이 있었다고 노래했나?(5:15)

①방패와 창 ②**큰 결심** ③칼 ④큰 용사

19. 야엘은 다른 여인들보다 복을 받을 것이니는 누구의 노래인가?(5:1,24)

①**드보라** ②라합 ③시스라 ④에훗

20. 주를 사랑하는 자들은 무엇이 힘있게 돋아 난다고 하였나요?(5:31)

①권세가 ②**해가** ③재물이 ④생명이

21. 하나님은 이스라엘 자손을 7년 동안 누구에게 넘기셨나요?(6:1)

①하솔 ②모압 ③**미디안** ④가나안

22. 이스라엘을 미디안의 손에서 구원하라는 소명을 받은 사람은?(6:11,14)

①옷니엘 ②**기드온** ③드보라 ④에훗

23. 기드온이 여호와를 위하여 거기서 제단을 쌓고 붙인 이름은?(6:24)

①여호와 닛시 ②여호와 삼마

③여호와 이레 ④**여호와 살롬**

24. 기드온이 무엇에서 이슬을 짜니 물이 가득찼나요 ?(6:37)

①음식 ②**양털** ③이불 ④옷

25. 여룹바알은 누구의 다른 이름인가요?(7:1)

①드보라 ②삼손 ③**기드온** ④바락

26. 물 가에서 손으로 움켜 입에 대고 핥는 자는 몇이나 되었나요?(7:6)

①**300명** ②30명 ③40명 ④400명

27. 기드온이 미디안의 진영에 내려갈 때 함께간 그의 부하는?(7:11)

①부아 ②**부라** ③부호 ④부마

28. 몇 명이 나팔과 빈 항아리에 횃불을 감추고 나아갔나요?(7:16)

①100 명 ②200 명 ③**300 명** ④400 명

29. 미디안과 싸우러 갈 때에 자신들을 부르지 않았다고 한 지파는?(8:1)

①**에브라임** ②베냐민 ③유다 ④시므온

30. 숙곳의 장로들을 붙잡아 들가시와 찔레로 징벌한 사람은?(8:13,16)

①**기드온** ②미디안 사람들 ③살문나 ④세바

31. 기드온은 삼백명의 용사들에게 무엇을 달라 했나요?(8:24)

①팔찌 ②**금 귀고리** ③신발의 금장식 ④각종 보화

32. 바알브릿을 자기들의 신으로 삼은 사람들은 누구였나요?(8:33)

①기드온의 후손 ②모압 사람들

③**이스라엘 자손** ④기드온의 첩들

33. 자기 형제 70명을 한 바위에서 죽인 사람은 누구였나요?(9:4-5)

①세바 ②**아비멜렉** ③여룹바알 ④살문나

34. 요담이 세겜 사람들에게 목소리를 높여 외친 곳은 어디인가요?(9:7)

①에발 산 ②감람 산 ③길보아 산 ④**그리심 산**

35. 어떤 나무가 나무들에게 내 그늘에 피하라고 말하였나요?(9:15)

①**가시 나무** ②무화과 나무 ③잣 나무 ④감람 나무

36. 모든 악행을 하나님이 그들의 머리에 갚으신 사람들은?(9:57)

①미디안 사람들 ②숙곳 사람들

③**세겜 사람들** ④모압 사람들

37. 사사로 세워진 돌라는 어느 지파에 속했나요?(10:1)

①길르앗 ②유다 ③납달리 ④**잇사갈**

38. 돌라에 이어 사사로 세워진 야일은 어느 지파에 속했나요?(10:3)

①**길르앗** ②유다 ③납달리 ④잇사갈

39. 여호와께서 이스라엘의 곤고로 말미암아 어떻게 하셨나요?(10:16)

①진노하심 ②**근심하심** ③기다리심 ④즐거워하심

40. 암몬 자손이 길르앗에 진을 치자 이스라엘 자손이 모인 곳은?(10:17)

①세겜 ②브엘세바 ③**미스바** ④여리고

41. 자기 어머니가 기생이라 형제들에게서 쫓겨난 사람은?(11:1-2)

①요담 ②**입다** ③스불 ④시혼

42. 이스라엘백성이 광야길을 지날때 길을 허락하지 않은 나라는?(11:17)

①블레셋 ②**모압** ③헤스본 ④미디안

43. 입다가 미스바의 자기 집에 이를 때에 영접하러 나온 자는?(11:34)

①**입다의 딸** ②에훗 ③입다의 아내 ④마을의 처녀들

44. 이스라엘의 딸들은 해마다 입다의 딸을 위해 무엇을 했나요?(11:40)

①**애곡** ②시를 지음 ③춤을 춤 ④노래함

45. 입다에게 '반드시 너와 네 집을 불사르리라' 라고 한 자들은?(12:1)

①단 사람들 ②**에브라임 사람들**

③스불론 사람들 ④길르앗 사람들

46. 입다는 길르앗 사람을 다 모으고 누구와 싸웠나요?(12:4)

①갓 사람들 ②잇사갈 ③스불론 사람들 ④**에브라임 사람들**

47. 입다 이후에 이스라엘의 사사가 된 사람은 누구인가요?(12:8)

①드보라 ②압돈 ③**입산** ④삼손

48. 이스라엘의 사사가 된 압돈은 어느 지파에 속했나요?(12:13)

①잇사갈 ②**비라돈** ③에훗 ④베들레헴

49. 소라 땅에 마노아는 어느 지파에 속한 사람이었나요?(13:2)

①갓 ②납달리 ③**단** ④므낫세 반

50. 태어날 때부터 하나님께 바쳐진 사람을 누구라 하나요?(13:5)

①**나실인** ②레위인 ③아사셀 ④사명자

51. 삼손의 아버지는 누구인가요?(13:8)

①엘리야 ②엘리멜렉 ③**마노아** ④사무엘

52. 마노아의 아내는 아들을 낳고 이름을 부어라 했나요?(13:24)

①엘리야 ②엘리멜렉 ③**삼손** ④사무엘

53. 삼손은 어디에서 블레셋 여자에게 마음을 빼앗겼나요?(14:1)

①**딤나** ②실로 ③모압 ④세겜

54. 사자를 염소 새끼를 찢는 것 같이 찢은 사람은 누구였나요?(14:6)

①골리앗 ②마노아 ③블레셋 장수 ④**삼손**

55.잔치에 온 청년들이 수수께끼를 풀려고 누구를 꾀였나요?(14:15)

①블레셋의 지도자 ②여호와

③**삼손의 아내** ④마노아

56. 아스글론에서 그 곳 사람 삼십 명을 쳐 죽인 동기는 무엇인가?(14:19)

①**여호와의 영** ②죽기 살기 덤벼서 ③갑자기 한 일 ④자기의 우월감

57. 삼손이 블레셋 사람의 곡식 밭을 여우 몇 마리를 잡아 태웠나?(15:3-5)

①100 마리 ②200 마리 ③**300 마리** ④400 마리

58. 블레셋 사람들이 삼손을 죽이려고 어디로 모여왔나요?(15:9)

①실로 ②세겜 ③**레히** ④다메섹

59. 무엇이 삼손의 손을 묶었던 밧줄을 풀게 하였나요?(15:14)

①마노아의 지혜 ②삼손의 힘

③밧줄이 썩어서 ④**여호와의 영**

60. 삼손은 이스라엘의 사사로 몇 년을 지냈었나요?(15:20)

①30년 ②**20년** ③15년 ④40년

61. 삼손이 사랑한 블레셋 여인의 이름은 무엇인가요?(16:4)

①기생 ②**들릴라** ③딤나 ④아비가일

62. 삼손에게 어떻게 하자 그의 힘이 없어졌나요?(16:19)

①밧줄로 묶음 ②독주를 마심 ③약을 먹임 ④**머리털을 밀음**

63. 삼손의 두 눈을 뺀 족속은 어디인가요?(16:28)

①암몬 ②모압 ③**블레셋** ④에돔

64. 블레셋 사람과 함께 죽기를 원하노라누구의 말이었나요?(16:30)

①**삼손** ②유다 사람들 ③마노아 ④들릴라

65. 미가의 어머니가 신상을 만들어 어디에 두었다고 했나요?(17:4)

①레위 사람이 집 ②은장색의 집

③**미가의 집** ④에브라임 산지

66. 자기의 아들들 중에 하나를 제사장으로 삼은 사람은 누구인가?(17:5)

①**미가** ②레위인 ③에브라림 사람 ④나그네

67. 사람마다 자기 ( ) 옳은 대로 행하였더라, 괄호 안에?(17:6)

①이익이 되면 ②**소견에** ③서로 의논해서 ④마음에

68. 미가의 집에서 제사장이 된 레위인은 어디 출신인가요?(17:7)

①여리고 ②실로 ③**베들레헴** ④숙곳

69. 단 지파는 기업의 땅을 구하려고 몇 명의 정탐을 보냈나요?(18:2)

①4명 ②11명 ③7명 ④**5명**

70. 미가의 제사장을 데려가 자기들의 제사장으로 삼은 이들은?(18:1,20)

①**단 지파 자손** ②소라 사람들 ③라이스 사람 ④에스다올 두령

71. 미가가 알고 단 자손에게 제사장을 돌려 달라 할 때 어떻게 했나요?(18:25)

①돌려주지 않음 ②**겁을 줌** ③미가가 포기함 ④미가가 양보

72. 미가가 만든 신상은 어디에 있게 되었나요?(18:31)

①실로 ②유다 ③라이스 ④**단 자손**

73. 어떤 레위인이 집을 떠난 첩을 찾으려고 어디로 갔다 했나요?(19:2)

①에브라임 ②기브아 ③**베들레헴** ④여부스

74. 레위 사람이 첩과 함께 길을 나섰을 때 환대해준 사람은?(19:16)

①베들레헴의 노인 ②에브랏의 어른

③**기브아의 노인** ④라마의 젊은이

75. 나쁜 짓을 하려는 기브아 사람들에게 누구를 내어주었나요?(19:24)

①레위인 ②레위인의 종 ③**노인의 딸들** ④레위인의 첩

76. 레위인이 열두 덩이로 찍어 이스라엘 사방에 보낸 것은?(19:29)

①레위인 ②레위인의 종 ③노인의 딸 ④**레위인의 첩**

77. 레위인 첩의 죽음으로 이스라엘 자손은 어디에 모였나요?(20:1)

①단 ②브엘세바 ③실로 ④**미스바**

78. 그들은 망령된 일을 행한 대로 누구에게 징계하자 했나요?(20:10)

①모압 사람들 ②**기브아 사람들**

③가나안 원주민 ④산 도적들

79. 베냐민과의 전쟁에서 패한 이스라엘 백성들이 어디에 모였나?(20:26)

①기브아 ②**벧엘** ③여부스 ④베들레헴

80. 이스라엘 자손에게 죽은 베냐민 용사들은 모두 몇 명인가요?(20:46)

①이만 명 ②일만오천 명 ③삼만 명 ④**이만오천 명**

81. 자기의 딸을 누구에게 아내로 주지 아니하리라 맹세했나요?(21:1)

①**베냐민 사람** ②모압 사람 ③첩을 둔 사람 ④가나안 원주민

82. 이스라엘 자손이 베냐민의 남자들에게 어디 여인들을 주었나?(21:14)

①**길르앗의 여인** ②전쟁 포로 여인 ③여자종들 ④외국 여자

83. 베냐민 자손은 누구를 자기들의 아내로 삼아도 되었나요?(21:20-23)

①나그네 여자들 ②**실로의 여자들** ③이방 여자들 ④가나안의 딸들

룻기

1. 엘리멜렉의 가족이 모압 지방으로 간 까닭은 무엇때문인가?(1:1-2)

①고향이 싫어서　②자녀들의 공부

③부자의 꿈　**④베들레헴의 흉년**

2. 어머니의 하나님이 나의 하나님이 되시리니는 누구의 말안거?(1:16)

①나오미　②오르바　**③룻**　④하녀

3. 나오미는 고향 사람들에게 자기를 무어라 부르라 했나요?(1:20)

①돌아온 나오미　**②마라**　③슬픈 여자　④저주

4. 나오미는 며느리 룻과 모압에서 어디로 돌아왔나요?(1:22)

①여리고　②에루살렘　③가나　**④베들레헴**

5. 엘리멜렉의 친족으로 유력한 자는 누구인가요?(2:1)

①보아스　②다니엘　③보아너게　④엘리바스

6. 룻에게 이삭을 주우러 다른 밭으로 가지 말라고 한 사람은 누구인가?(2:8)

①나오미　②보리를 베는 자　**③보아스**　④소녀들

7. 나오미가 룻에게 우리 기업을 무를 자 중의 하나라고 말한 사람은?(2:20)

①룻 ②**보아스** ③나오미 ④소녀들

8. 룻이 보리 추수와 밀 추수가 끝나기 까지 무엇을 하였나?(2:23)

①**이삭 주움** ②함께 도움 ③일꾼이 됨 ④농사 지음

9. 룻이 목욕하고 기름을 바르고 의복을 입고 간 곳은 어디인가?(3:3)

①보아스의 집 ②하인의 집 ③나오미의 집 ④**타작마당**

10. 당신의 옷자락을 펴 당신의 여종을 덮으소서는 누가 한 말인가?(3:9)

①보아스의 하인 ②나오미 ③**룻** ④밭에서 일하던 소녀

11. 내가 기업 무를 자의 책임을 네게 이행하리라고 한 사람은?(3:13)

①나오미 ②엘리메렉 ③**보아스** ④기룐

12. 나오미 집안의 기업무를 자에게 보아스가 무엇이라 불렀나요?(4:1)

①형제여 ②**아무개여** ③귀족이여 ④장로여

13. 엘리멜렉의 가장 가까운 기업 무를 자가 무어라 했나요?(4:6)

①돈이 없음 ②**손해가 될까 거절**

③곧 죽게 되어 ④나오미을 싫어함

14. 장로들은 보아스를 축복하여 어디에서 유력하기를 원했나요?(4:11)

①이스라엘 ②모압 ③**에브랏** ④유다

15. 보아스와 룻의 결혼으로 낳은 아들의 이름은 무엇인가요?(4:17)

①**오벳** ②베레스 ③헤스론 ④기룐

16. 오벳은 이새를 낳고 이새는 ( )을 낳았더라, 괄호 안에?(4:22)

①나손 ②**다윗** ③보아스 ④엘리멜렉

사무엘상

1. 여로함의 아들 엘리후의 손자인 엘가나는 어디의 사람인가요?(1:1)

①단　②시므온　③**에브라임**　④스불론

2. 마음이 괴로워서 여호와께 기도하고 통곡한 사람은 누구인가?(1:10)

①엘가나　②브닌나　③엘가나의 하녀　④**한나**

3. 한나가 기도하여 구한 것을 허락하기을 원하노라고 축복한 사람은?(1:17)

①**엘리**　②사무엘　③엘가나　④레위

4. 내가 여호와께 그를 구하였다 함이더라는 뜻의 이름은?(1:20)

①엘가나　②한나　③**사무엘**　④엘리

5. 엘가나와 한나가 여호와께 매년제와 (　　)제를 드렸나요?(1:21)

①화목　②**서원**　③번제　④친목

6. 여호와께 어떤 사람이 산산이 깨어질 것이라 했나요?(2:10)

①게으른 자　②제물을 먹는 자

③불순종하는 자　④**대적하는 자**

7. 사람이 사람에게 범죄하면 누가 심판을 한다고 했나요?(2:25)

①제사장 ②장로 ③**하나님** ④선지자

8. 하나님의 사람은 홉니와 비느하스가 어떻게 된다고 했나요?(2:34)

①눈이 멀음 ②**한 날에 죽음** ③종이 됨 ④질병에 걸림

9. 여호와의 말씀이 어찌해서 이상이 흔히 보이지 않았나요?(3:1)

①능력이 약해져 ②**희귀하여**

③무디어서 ④제사장이 타락해서

10. 하나님의 궤가 있는 여호와의 전 안에서 누가 지냈나요?(3:3)

①**사무엘** ②홉니 ③엘리 ④비느하스

11. 하나님의 음성이 사무엘에게 몇 번 들렸나요?(3:4,6,8,10)

①한 번 ②**네 번** ③두 번 ④세 번

12. 단에서부터 브엘세바까지를 다른 말로 표현한 말은?(3:20)

①가나안 땅 ②유다 땅 ③**온 이스라엘** ④유다

13. 이스라엘이 블레셋과의 싸움에서 패하여 죽은 군사의 수는?(4:2)

①**사천 명 가량** ②이천 명 ③삼천 명 ④사만 명 가량

14. 블레셋 사람들은 이스라엘로부터 무엇을 빼앗았나요?(4:10-11)

①이스라엘의 깃발 ②만나 항아리

③**하나님의 궤** ④여호와의 칼

15. 의자에서 뒤로 넘어져 문 곁에서 목이 부러져 죽은 자는?(4:18)

①**엘리** ②홉니 ③성전의 문지기 ④비느하스

16. 하나님의 영광이 이스라엘에서 떠났다는 뜻의 이름은?(4:21)

①엘리 ②여호와 살롬 ③**이가봇** ④비느하스

17. 블레셋 사람들이 하나님의 궤를 어디에 두었다 했나요?(5:2)

①산 속 ②**다곤의 신전** ③블레셋 장로의 집 ④들

18. 다곤이 여호와의 궤 앞에서 엎드러져 얼굴이 어떻게 되었나요?(5:3)

①부스러짐 ②나뒹굴다 ③**땅에 닿음** ④부러져 망가짐

19. 블레셋 사람들은 하나님의 궤를 어디로 옮겼나요?(5:8)

①예루살렘 ②벧엘 ③실로 ④**가드**

20. 하나님의 궤로 말미암아 죽지 않은 사람들에게 온 환난은?(5:12)

①**독한 종기** ②눈이 멀어짐 ③전염병 ④이질

21. 블레셋 사람들은 왜 제사장들과 복술자들을 불렀나요?(6:2)

①치료하려고 ②환난을 물리치려고

③**여호와의 궤를 어찌 할까** ④복을 받으려고

22. 암소가 하나님의 궤를 메고 좌우로 치우치지 않고 어디까지 갔나?(6:12)

①길갈 ②**벧세메스** ③가드 ④에글론

23. 블레셋 사람이 여호와께 속건제물로 드린 것은 무엇인가요?(6:17)

①나비 형상 ②**금 독종** ③은 뱀 ④놋 뱀

24. 벧세메스 사람들이 여호와의 궤를 들여다 보다 죽은 사람은?(6:19)

①이만 칠십명 ②삼만 칠십명 ③사만 칠십명 ④ **오만 칠십명**

25. 사무엘이 이스라엘 백성들에게 이방신들과 무엇을 제거하라했나?(7:3)

①아세라 ②바알 ③**아스다롯** ④다곤

26. 사무엘이 이스라엘을 위해 기도하려고 어디로 모이라 했나요?(7:5)

①**미스바** ②길갈 ③벧엘 ④실로

27. 여호와께서 여기까지 우리를 도우셨다는 뜻의 이름은?(7:12)

①여호와 닛시 ②**에벤에셀** ③할렐루야 ④여호와 이레

28. 사무엘이 여호와를 위하여 제단을 쌓았던 곳은 어디인가요?(7:17)

①시돈 ②모압 ③여리고 ④**라마**

29. 사무엘의 아들 요엘과 아비야는 어디에서 사사가 되었나요?(8:2)

①길갈 ②벧엘 ③**브엘세바** ④실로

30. 이스라엘의 장로들은 사무엘에게 무엇을 구했나요?(8:6)

①제사장 ②**왕** ③지도자 ④사사

31. 왕을 요구하는 그들에게 하나님은 누구를 버렸다 하셨나요?(8:7)

①사무엘 ②사사 ③**하나님** ④사무엘의 아들들

32. 그들의 말을 들어 왕을 세우라 하시니에서 '그들'은?(8:21-22)

①선지자들 ②사사

③제사장들 ④**이스라엘의 백성**

33. 베냐민 지파의 유력한 사람인 기스의 아들은 누구인가?(9:2)

①삼손 ②오벳 ③**사울** ④사무엘

34. 하나님께서 누구를 향해 내 백성을 다스릴 자라 하셨나요?(9:17)

①**사울** ②요나단 ③기스 ④사무엘

35. 사울은 이스라엘 지파의 가장작은 어디에 속한 사람인가?(9:21)

①**베냐민** ②유다 ③단 ④시므온

36. 사무엘은 사울에게 무엇을 들려주겠다고 했나요?(9:27)

①충고 ②이스라엘의 상황

③사울이 할 일 ④**하나님의 말씀**

37. 사무엘은 기름병을 가져다가 누구의 머리에 부었나요?(10:1)

①기스 ②**사울** ③제사장 ④선견자

38. 하나님의 영이 사울에게 크게 임하자 그가 한 것은 무엇인가?(10:10)

①**예언** ②환상을 봄 ③방언 ④귀신들이 떨게 함

39. 사무엘이 왕을 뽑을 때 사울은 어디에 숨었나요?(10:22)

①나무뒤 ②**짐 보따리 사이** ③돌뒤 ④사람뒤

40. 사울이 왕으로 기름 부음을 받은 후 어디로 돌아 갔나요?(10:26)

①기브온 ②베들레헴 ③**기브아** ④헤브론

41. 야베스 사람들이 암몬을 두려워해 누구를 섬긴다고 했나요?(11:1-2)

①**나하스** ②골리앗 ③블레셋의 용사 ④암몬의 우상

42. 사울이 암몬과의 전쟁을 위해 어디에서 이스라엘 군대를 모았나?(11:8)

①기브아 ②**베섹** ③야베스 ④기브온

43. 사울이 암몬 사람들을 물리칠 때 백성을 몇 대로 나누어 공격했나?(11:11)

①일 대 ②**삼 대** ③오 대 ④사 대

44. 사무엘이 사울을 왕으로 세우기 위해 어디에서 화목제를 드렸나?(11:14)

①실로 ②미스바 ③기브아 ④**길갈**

45. 다음에 사무엘이 한 말에 해당되지 않는 말은 무엇인가?(12:3)

①**저주하지 않음** ②뇌물을 받지 않음

③소, 나귀 빼앗지 않음 ④속이지 않음

46. 사무엘은 하나님이 이스라엘 백성에게 누구라고 했나요?(12:12)

①**왕** ②선지자 ③도와주시는 하나님 ④구원자

47. 이스라엘 백성이 왕을 구한 일을 무어라 했나요?(12:17)

①선함 ②어리석음 ③**죄** ④지혜

48. 악을 행하면 너희와 너희 왕이 다 어떻게 된다고 했나?(12:25)

①용서 ②**멸망** ③보응 ④진노

49. 블레셋 사람들이 이스라엘과 싸우려고 모여 진을 친 곳은?(13:5)

①믹돌 ②실로 ③**믹마스** ④벧호론

50. 블레셋과의 전쟁에서 위기에 처한 사울이 사무엘을 기다린 곳은?(13:8)

①**길갈** ②길르앗 ③헤브론 ④믹마스

51. 사무엘이 사울에게 왕이 망령되이 행하였다고 책망한 것은?(13:13)

①백성들을 나무람 ②**하나님을 무시**

③전쟁을 피함 ④사울의 번제

52. 이스라엘 백성에게 창이나 칼은 누구에게만 있었나요?(13:22)

①제사장들 ②**사울, 요나단** ③사울 ④왕의 군사들

53. 비느하스의 손자로 실로에서 제사장이 되었던 엘리의 증손은?(14:3)

①미가야 ②**아히야** ③요나단 ④요하스

54. 블레셋 사람들이 각각 칼로 누구를 쳐서 혼란케 되었나요?(14:20)

①**자기의 동무들** ②요나단의 무기를 갖은 자 ③허공 ④요나단

55. 이스라엘 백성이 고기를 피 째 먹어 어떻게 되었나요?(14:33)

①불결 ②**범죄** ③소화 장애 ④병에 걸림

56. 사울의 숙부 넬의 아들이며 사울의 군대 장관은 누구인가요?(14:50)

①**아브넬** ②요나단 ③이스위 ④메랍

57. 사울은 아말렉을 칠 때 누구를 떠나라 하며 보호했나요?(15:6)

①가나안 사람들 ②모압 사람들 ③이방인들 ④**겐 사람들**

58. 내가 사울을 ( ) 세운 것을 후회하노니, 괄호 안에 ?(15:11)

①종으로 ②**왕으로** ③나라에 ④사무엘 위에

59. 사울은 양과 소를 끌어 온 것을 무어라 거짓말을 하였나요?(15:15)

①**여호와께 제사** ②잔치를 준비

③여호와의 소유 ④백성을 위해서

60. 이스라엘의 지존자는 누구를 가리키는 것이었나요?(15:29)

①사무엘 ②제사장 ③**하나님** ④선지자

61. 하나님께서 사울을 버리신 일로 슬퍼한 사람은 누구인가요?(16:1)

①사울 ②**사무엘** ③기스 ④제사장

62. 사람은 외모를 보거니와 나 여호와는 무엇을 보신다고 했나요?(16:7)

①**중심** ②마음 ③배경 ④책임감

63. 여호와께서 부리시는 악령이 누구를 번뇌하게 하였나요?(16:14)

①**사울** ②사무엘 ③기스 ④제사장

64. 다윗이 수금을 손으로 탈 때 사울에게서 떠난 것은?(16:23)

①교만함 ②**악령** ③두려움 ④심한 공포

65. 골리앗을 설명하는 말로 틀린 것은 무엇인가요?(17:4)

①놋 투구 ②비늘 갑옷

③**작은 체구** ④놋 단창

66. 이새의 여덟 아들중에 막내인 아들은 누구인가요?(17:13-14)

①**다윗** ②삼마 ③아비나답 ④엘리압

67. 다윗이 골리앗과 싸우기 위해 준비한 돌은 몇개인가요?(17:40)

①한 개 ②세 개 ③**다섯 개** ④일곱 개

68. 다윗은 골리앗과의 싸움에서 무엇이 여호와께 속한 것이라고 했나?(17:47)

①축복 ②저주 ③재물 ④**전쟁**

69. 사울의 아들 요나단이 자기 생명 같이 사랑한 사람은 누구인가요?(18:1)

①아브넬 ②엘리압 ③**다윗** ④아비나답

70. 사울이 군대의 장으로 삼자 백성이 합당히 여긴 사람은 누구인가?(18:5)

①아브넬 ②**다윗** ③요압 ④엘리압

71. 사울이 자기의 딸과 다윗을 결혼시키려 한 이유는 무엇인가?(18:21)

①사울에게 충성 ②배신을 막음 ③**올무가 되게 함** ④다윗을 위해서

72. 사울은 다윗에게서 무엇을 알았나요?(18:28)

①다윗의 용기 ②미갈을 사랑함

③거짓이 없음 ④**여호와가 함께 하심**

73. 사울이 다윗을 죽이려 하자 그 사실을 알려준 사람은 누구인가?(19:1-2)

①사울의 신하 ②**요나단** ③사무엘 ④아브넬

74. 사울의 전령들이 다윗을 죽이려 하자 누가 구해 주었나요?(19:11-12)

①요나단 ②**미갈** ③아브넬 ④다윗의 종

75. 다윗은 자기를 죽이려는 사울을 피해 누구에게로 갔나요?(19:18)

①**사무엘** ②아브넬 ③요나단 ④미갈

76. 사울이 다윗을 잡으러 라마 나욧으로 갈 때 무엇을 경험했나요?(19:23)

①회개함 ②자신의 죄를 깨달음 ③새로운 각오 ④**예언을 함**

77. 요나단이 다윗을 살리기 위해서 어떤 도구를 사용하였나?(20:21)

①칼 ②창 ③**활** ④대포

78. 사울이 자신의 아들인 요나단을 무엇으로 죽이려 했나요?(20:33)

①긴 칼 ②**단창** ③밧줄 ④표창

79. 요나단이 다윗을 위하여 슬퍼함이 심해서 한 행동은?(20:34)

①**음식을 먹지 않음** ②사울에게 대항 ③들로 나감 ④활을 쏨

80. 여호와께서 영원히 나와 너 사이에 계시고에서 '나와 너'는?(20:42)

①아브넬-요나단 ②**요나단 - 다윗**

③다윗-아브넬 ④사무엘-다윗

81. 다윗은 제사장 아히멜렉에게 무엇을 요구했나요?(21:3)

①**떡 다섯 덩이** ②제사장의 옷 ③물통 ④번제물의 고기

82. 아히멜렉은 창이나 칼을 요구하는 다윗에게 무엇을 주었나요?(21:9)

①사울의 칼 ②번제에 쓰는 칼 ③**골리앗의 칼** ④제사장의 칼

83. 다윗이 사울을 피하여 도망을 친 곳은 어디인가요?(21:10)

①라마 나욧 ②놉 ③빈 들 ④**가드**

84. 다윗은 아기스 왕 앞에서 어떻게 행동 했나요?(21:13)

①**미친척 함** ②충성을 약속 ③도움을 구함 ④병든 척

85. 가드를 떠난 다윗은 어디로 도망쳤나요?(22:1)

①벧엘 ②기브아 ③**아둘람 굴** ④막벨라

86. 다윗에게 모인 사람들의 특성에 해당되지 않는 사람들은?(22:2)

①**사울의 신하들** ②빚진 자들

③원통한 자들 ④환난당한 자들

87. 다윗이 아히둡의 아들 아히멜렉을 만난것을 사울에게 말한 사람은?(22:9)

①요나단 ②요압 ③아브넬 ④**도엑**

88. 아히멜렉의 아들 중에 사울에 의한 죽음을 피한 자는?(22:20)

①도엑 ②**아비아달** ③요나단 ④제사장의 호위병

89. 다윗이 블레셋 사람들을 쳐서 구원한 도시는 어디인가요?(23:2)

①**그일라** ②가드 ③놉 ④엘라 골짜기

90. 아비아달이 다윗에게로 도망할 때 무엇을 갖고 있었나요?(23:6)

①칼 ②창 ③**에봇** ④제사장의 흉배

91. 하나님이 사울의 손에 넘기지 않으신 사람은 누구인가요?(23:14)

①아비아달 ②다윗의 가족 ③선지자 ④**다윗**

92. 사울이 블레셋 사람들을 치러 가자 다윗이 머문 요새는?(23:28-29)

①엘라 골짜기 ②십 광야의 산골 ③**엔게디** ④마온 황무지

93. 사울이 다윗을 죽이려고 삼천 명을 거느리고 간 곳은 어디인가?(24:2)

①**들염소 바위** ②아들람 굴

③엔게디 광야 ④엘라 골짜기

94. 다윗이 일어나서 사울의 ( ) 가만히 베니라, 괄호 안에?(24:4)

①속옷 자락을 ②투구의 털을 ③**겉옷 자락을** ④휴지를

95. 내 손을 들어 내 주를 해하지 아니하리니는 누가 한 말인가?(24:10)

①아브넬 ②**다윗** ③선지자 ④사울

96. 다윗이 말하길, 옛 속담에 악은 누구에게서 난다고 하였나?(24:13)

①**악인** ②의인 ③선인 ④사단

97. 사무엘이 죽어 장사된 곳은 어디인가요?(25:1)

①바란광야 ②엔게디 ③**라마** ④요단

98. 마온에 사는 사람으로 심히 부자인 사람은 누구인가?(25:2-3)

①**나발** ②유발 ③아히멜렉 ④다윗

99. 나발의 아내로서 총명하고 용모가 아름다운 여인은 누구인가?(25:3)

①아달랴 ②**아비가일** ③여호세바 ④이세벨

100. 다윗이 나발을 치려고 칼을 찬자 몇 명을 데리고 갔나?(25:13)

①100명 가량 ②200명 가량 ③300명 가량 ④**400명 가량**

101. 다윗이 밤에 사울에게로 갈 때 목숨을 걸고 따른 사람은?(26:6)

①아히멜렉 ②다윗의 하인 ③**아비새** ④아브넬

102. 다윗은 사울을 죽일 수 있었지만 사울의 무엇만 갖고 왔나요?(26:11)

①창, 투구 ②물병, 신발

③**창, 물병** ④투구, 물병

103. 다윗이 사울을 지키지 못한 누구에게 책망을 하였나요?(26:15)

①스루야 ②아히멜렉 ③다윗 ④**아브넬**

104. 네가 큰 일을 행하겠고 반드시 ( ) 얻으리라, 괄호 안에?(26:25)

①**승리를** ②영광을 ③죽음을 ④생명을

105. 다윗은 600명과 함께 사울 왕을 피하여 누구에게로 갔나요?(27:2)

①요나단 ②**아기스** ③블레셋의 농부 ④아히야

106. 아기스는 블레셋의 한 성읍을 다윗에게 주었는데 어디인가요?(27:6)

①에돔 ②시돈 ③벧엘 ④**시글락**

107. 다윗이 부하들과 함께 습격한 사람들에 해당되지 않는 것은?(27:8)

①**라기스 사람** ②그술 사람 ③기르스 사람 ④아말렉 사람

108. 다윗에게 "그는 영원히 내 부하가 되리라"고 생각한 사람은?(27:12)

①요나단 ②**아기스** ③블레셋의 농부 ④아히야

109. 블레셋 사람들이 사울을 치려고 어디에 모였나요?(28:4)

①바란광야 ②라마 ③**수넴** ④요단

110. 사울은 신접한 여인에게 죽은 누구를 불러올리라 했나요?(28:11)

①엘리 ②삼손 ③아히멜렉 ④**사무엘**

111. 하나님은 사울을 떠나 사울에게 무엇이 되셨다 했나요?(28:16)

① 기도를 듣지 않으심 ②**대적**

③버림 ④얼굴을 돌리심

112. 사무엘은 사울에게 이스라엘이 누구에게로 넘어간다 했나요?(28:19)

①모압 ②에돔 ③**블레셋** ④암몬

113. 블레셋과 이스라엘이 대치할때 이스르엘 샘 곁에는 누가 진쳤나?(29:1)

①블레셋 군대 ②블레셋의 방백

③**이스라엘 사람들** ④아기스 왕

114. 다윗의 사람들이 함께 하자 누가 함께 하지 못한다 했나요?(29:4)

①**블레셋의 방백들** ②아기스 ③암몬 족속 ④사울

115. 다윗에게 이 전쟁에 참여하지 않도록 말린 사람은 누구인가?(29:9)

①**아기스** ②아비새 ③다윗의 신하들 ④아비가일

116. 다윗이 자기 사람들과 더불어 아침에 일찍이 돌아간 곳은?(29:11)

①**블레셋의 땅** ②이스르엘 ③기브아 ④유다

117. 다윗이 시글락으로 돌아오자 누가 쳐들어 와서 불살랐나요?(30:1)

①블레셋 군대 ②**아말렉 사람들** ③사울의 군대 ④네겝 사람들

118. 다윗이 제사장 아비아달에게 가져오라고 명령한 것은?(30:7)

①칼 ②갑옷 ③**에봇** ④활

119. 다윗은 누구의 도움으로 아멜렉 사람들의 뒤를 쫓았나요?(30:13,16)

①**애굽 소년** ②아히멜렉 ③아비새 ④아브넬

120. 다윗을 따라가 지 못하고 브솔 시내에 남아있던 사람은?(30:21)

①50 명 ②100 명 ③150 명 ④**200 명**

121. 블레셋에 쫓긴 이스라엘 사람들은 어디에서 엎드려 죽었나요?(31:1)

①**길보아 산** ②여리고 ③이스르엘 ④엘라 골짜기

122. 사울의 아들 중 블레셋 사람들에 의해 죽임을 당하지 않은 사람은?(31:2)

①요나단 ②아비나답 ③말기수아 ④**아비새**

123. 활에 맞아 중상 입고 자기의 칼에 엎드려져 죽은 사람은?(31:4)

①**사울** ②요나단 ③아비나답 ④말기수아

124. 길르앗 야베스 주민들은 사울의 시체를 어디에 장사했나요?(31:13)

①광야 ②**에셀 나무 아래**

③막벨라 굴 ④얍복 강변

사무엘하

1. 다윗은 사울을 칼로 찔러 죽인 자를 어떻게 했나요?(1:15)

①상급을 줌 ②**죽임** ③먹을 것을 줌 ④고향으로 보냄

2. 다윗이 애가로 부른 노래에 사울과 요나단을 무어라했나?(1:19)

①**두 용사** ②두 군인 ③두 지도자 ④두 장수

3. 다윗은 독수리보다 빠르고 사자보다 강한 사람을 누구라 했나?(1:23)

①사울, 아브넬 ②아비새, 아브넬

③요나단, 다윗 ④**사울, 요나단**

4. 요나단의 다윗에 대한 사랑이 누구보다 더하다 했나요?(1:26)

①형제의 사랑 ②**여인의 사랑** ③부모의 사랑 ④친구의 사랑

5. 다윗이 하나님의 응답을 듣고 올라간 유다의 성읍은 어디인가?(2:1)

①야베스 ②기브아 ③**헤브론** ④가드

6. 사울에 이어서 이스라엘의 왕이 된 사람은 누구인가요?(2:10)

①**이스보셋** ②요압 ③아브넬 ④아사헬

7. 다윗은 헤브론에서 얼마동안 유다 족속의 왕이 되었나요?(2:11)

①3년 6개월 ②4년 6개월 ③6년 6개월 ④**7년 6개월**

8. 다음의 이름들에서 스루야의 아들이 아닌 사람은 누구인가요?(2:18)

①아사헬 ②요압 ③**아브넬** ④아비새

9. 아브넬을 쫓다가 죽임을 당한 스루야의 아들은 누구인가요?(2:23)

①아비새 ②**아사헬** ③아기스 ④요압

10. 사울 왕의 첩과 통간한 아브넬을 누가 책망했나요?(3:7)

①**이스보셋** ②므비보셋 ③다윗 ④아사헬

11. 이스보셋과 다툰 아브넬은 누구와 언약을 맺기를 원했나요?(3:12)

①**다윗** ②요압 ③사울의 첩 ④아사헬

12. 아브넬은 아사헬을 죽인 일로 누구에게 죽임을 당했나요?(3:27)

①다윗의 신하 ②유다 사람들 ③**요압** ④제사장

13. 이스보셋의 군 지위관 바아나와 레갑의 공통점은 무엇인가요?(4:2)

①이복 형제 ②**림몬의 아들들**

③유다의 지휘관 ④다윗의 신복

14. 요나단에게 다리 저는 아들 하나가 있었으니 그 이름은?(4:4)

①이스보셋 ②바아나 ③레갑 ④**므비보셋**

15. 레갑과 바아나가 이스보셋의 집에 이르러 누구를 죽였나요?(4:5-6)

①므비보셋 ②아브넬 ③**이스보셋** ④요나단의 아내

16. 내가 악인의 (   ) 죄를 너희에게 갚아서, 괄호 안에?(4:11)

①우상숭배 ②배신한 ③거짓 증거한 ④**피 흘린**

17. 다윗을 이스라엘 왕으로 삼을 때 장로들이 취한 행동은 무엇인가?(5:3)

①맹세를 함 ②**기름을 부음**

③왕관을 씌움 ④다윗에게 엎드림

18. 다윗이 시온 산성을 빼앗아 무엇으로 삼았나요?(5:7)

①**다윗 성** ②다윗 가족의 집 ③하나님의 성전 ④무기 창고

19. 물을 흩음 같이 내 앞에서 내 대적을 흩으셨다는 뜻의 말은?(5:20)

①여호와 닛시 ②여룹바알 ③**바알브라심** ④에벤에셀

20. 너보다 앞서 나아가서 블레셋 군대를 치리라는 누구의 말인가?(5:24)

①두로 왕 ②시돈 사람들 ③**하나님** ④다윗

21. 다윗이 따르는 자들과 바알레유다로 가서 가져오려 한 것은?(6:2)

①음식물 ②사울의 무기들 ③탈취물들 ④**하나님의 궤**

22. 하나님의 궤를 붙들었다가 하나님이 쳐서 죽은 사람은 누구인가?(6:7)

①**웃사** ②아비나답 ③아효 ④오벧에돔

23. 다윗이 여호와 앞에서 뛰놀며 춤추자 미갈은 어떻게 했나요?(6:16)

①억울해 함 ②눈물을 흘리다

③**다윗을 업신여김** ④화를 냄

24. 하나님이 사울을 버리고 다윗을 이스라엘의 무엇으로 택하셨나?(6:21)

①인도자 ②제사장 ③**주권자** ④예언자

25. ( )은 백향목 궁에 살거늘 하나님의 궤는 휘장 가운데 있도다?(7:2)

①나단 ②솔로몬 ③**다윗** ④아효

26. 네 이름(다윗)을 위대하게 만들어 주리라는 누가 한 말 인가요?(7:9)

①하나님 ②**나단** ③오벧에돔 ④아효

27. 나는 그에게 아버지가 되고에서 그는 누구인가요?(7:14)

①나단 ②**다윗** ③솔로몬 ④요압

28. 주 여호와여 오직 주는 하나님이시며는 누구의 간구인가?(7:28)

①아비나답 ②**다윗** ③나단 ④제사장

29. 다윗은 누구의 손에서 메덱암마를 빼앗았나요?(8:1)

①**블레셋** ②모압 ③소바 ④다메섹

30. 다윗의 종들이 되어 조공을 받친 나라는 어디인가요?(8:2)

①암몬 ②에돔 ③**모압** ④블레셋

31. 다윗이 하닷에셀의 신복들이 가진 금 방패를 어디로 가져왔나?(8:10)

①여리고 ②길갈 ③헤브론 ④**예루살렘**

32. 다윗이 수비대를 둔 곳마다 그곳 사람들은 다윗의 무엇이 되었나?(8:14)

①동맹군이 됨 ②**종이 됨**

③전쟁을 치름 ④딸을 줌

33. 다윗이 사울의 집에 은총을 베풀려고 한 이유는 누구 때문인가?(9:1)

①사울 ②**요나단** ③나단 선지자 ④사무엘 선지자

34. 사울의 종 시바는 요나단의 아들인 누구를 데려왔나요?(9:3,6)

①암논 ②하눈 ③요나답 ④**므비보셋**

35. 왕자 중 하나처럼 왕의 상에서 먹은 사람은 누구인가?(9:11)

①**므비보셋** ②이스보셋 ③아브넬 ④아비새

36. 므비보셋의 아들의 이름은 무엇인가요?(9:12)

①시바 ②하눈 ③**미가** ④미갈

37. 암몬 자손의 왕이 죽고 누가 대신하여 왕이 되었나요?(10:1)

①소밥 ②**하눈** ③심새 ④옥

38. 다윗의 신하들을 잡아 수염 절반을 깍고 옷을 돌려낸 왕은?(10:4)

①요람 ②히람 ③**하눈** ④하닷

39. 아람 사람이 도망함을 보고 같이 도망한 자손은 누구인가?(10:14)

①아말렉 자손 ②블레셋 자손 ③에돔자손 ④**암몬자손**

40. 다윗이 죽인 군 사령관 소박은 어디 사람인가요?(10:18)

①암몬 ②**아람** ③에돔 ④블레셋

41. 다윗은 어디에서 한 여인이 목욕을 하는 것을 보았나요?(11:2)

①왕의 침실 ②왕궁의 언덕

③산 ④**왕궁 옥상**

42. 다윗은 목욕을 하던 여자를 데려 와서 어떻게 했나요?(11:4)

①오락을 즐김 ②**동침** ③하녀로 삼다 ④노래하게 함

43. 다윗이 우리아를 부를 때 누구를 통하여 불렀나요?(11:6)

①**요압** ②아비새 ③나단 ④하닷

44. 다윗은 이 여인의 남편을 전쟁터에 보내 죽게 했는데 그는?(11:17)

①아비새 ②압살롬 ③**우리아** ④요압

45. 우리아를 죽이고 그의 아내를 빼앗아 아내로 삼은 사람은?(12:9)

①사울 ②요압 ③나단 선지자 ④**다윗**

46. 나단에게 내가 여호와께 죄를 범하였다고 말한 사람은?(12:13)

①사울 ②**다윗** ③우리아 ④밧세바

47. 여호와께서 사랑하셨기 때문에 주어진 이름은 무엇인가요?(12:25)

①솔로몬 ②요압 ③**여디디야** ④여호야다

48. 랍바 왕의 왕관에 박힌 금의 무게는 얼마나 되었나요?(12:30)

①세 달란트 ②다섯 달란트

③열 달란트 ④**한 달란트**

49. 압살롬의 누이 다말을 사랑하여 그 울화로 병이 든 사람은?(13:2)

①요나답 ②솔로몬 ③**암논** ④다말

50. 암논이 다말을 꾀어 동침한 후에 그녀를 어떻게 대하였나요?(13:15)

①몹시 위함 ②**심히 미워함** ③더욱 사랑함 ④괴롭힘

51. 압살롬이 자기의 종들을 시켜 죽인 왕자는 누구인가요?(13:29)

①요나답 ②솔로몬 ③달매 ④**암논**

52. 다윗은 날마다 무엇 때문에 슬퍼 했나요?(13:37)

①압살롬이 도망가서 ②다말이 죽어서

③**암몬이 죽어서** ④아도니야가 왕이 되서

53. 요압이 왕에게 상복을 입혀 들여보낸 지혜로운 여인은 어디사람?(14:2)

①여리고 ②**드고아** ③헤브론 ④예루살렘

54. 그술에서 지내던 압살롬을 예루살렘으로 데려 온 사람은?(14:23)

①**요압** ②그술 왕 ③드고아 여인 ④스루야

55. 압살롬이 예루살렘에서 이태 동안 누구를 보지 못했나요?(14:28)

①다말 ②아비새 ③나단 ④**왕**

56. 다윗은 요압이 데려온 누구와 만나 포옹하며 기뻐하였나?(14:33)

①요압 ②드고아 여인

③**압살롬** ④스루야

57. 압살롬이 자기를 위해서 세운 호위병의 수는 얼마인가요?(15:1)

①100명 ②**50명** ③200명 ④70명

58. 왕에게 재판을 청하러 오는 자들의 마음을 훔친 사람은 누구인가?(15:6)

①요압 ②**압살롬** ③아비새 ④밧세바

59. 압살롬은 어디에서 다윗에게 반역해 왕이 되었나요?(15:10)

①벧엘 ②여리고 ③기갈 ④**헤브론**

60. 아히도벨의 모략을 어리석게 하옵소서라고 기도한 사람은?(15:31)

①사독 ②**다윗** ③아비아달 ④다윗의 종

61. 많은 음식을 준비하여 다윗을 맞이한 므비보셋 종은 누구인가?(16:1)

①**시바** ②엘이에셀 ③요압 ④시므이

62. 도망을 가는 다윗에게 저주한 사울의 친족은 누구인가요?(16:5)

①아비새 ②아히도벨 ③**시므이** ④후새

63. 왕을 저주하는 시므이를 죽은개라고 표현한 사람은 누구인가?(16:9)

①**아비새** ②압살롬 ③시므이 ④후새

64. 누구의 계략을 사람이 하나님께 물어서 받은 말씀처럼 말했나?(16:23)

①압살롬 ②다윗 ③**아히도벨** ④후새

65. 아히도벨은 다윗을 추적하겠다고 누구에게 요청했나요?(17:1)

①다윗 ②아비새 ③**압살롬** ④사독

66. 후새는 누구를 위해서 압살롬에게 계략을 말했나요?(17:14)

①**다윗** ②아비새 ③압살롬 ④사독

67. 아히도벨은 자기 계략이 시행되지 못함을 보고 어떻게 했나요?(17:23)

①후새를 시기함 ②압살롬을 배반

③다윗을 죽이려 함 ④**스스로 목매어 죽음**

68. 도망중이던 다윗과 그와 함께한 백성에게 음식을 베푼 사람은?(17:27)

①아마사 ②마하나님의 여인 ③**바르실래** ④요압

69. 다윗이 백성을 삼분의 일로 나누어 맡겼던 사람이 아닌 사람은?(18:2)

①잇대 ②요압 ③**아히마아스** ④아비새

70. 상수리나무에 목이 걸려 있는 압살롬의 심장을 찌른 사람은?(18:14)

①잇대 ②**요압** ③요압의 병사 ④아비새

71. 요압이 압살롬의 죽음을 다윗에게 알리려고 보낸 사람은?(18:21)

①**구스 사람** ②다윗의 병사 ③요압의 종 ④압살롬의 종

72. 차라리 내가 너를 대신하여 죽었더면에서 '너를'은 누구?(18:33)

①므비보셋 ②요압 ③**압살롬** ④아비새

73. 압살롬의 죽음을 다윗이 슬퍼하자 그날의 승리는 무엇이 되었나?(19:2)

①**슬픔이 됨** ②저주가됨 ③다윗에게등을돌림 ④죄가됨

74. 다음에서 므비보셋이 한 행동이 아닌 것은 무엇인가요?(19:24)

①옷을 빨지 않음 ②**먹지 않음**

③맵시 내지 않음 ④수염을 깍지 않음

75. 다윗이 예루살렘으로 돌아올 때 함께 오기를 사양한 사람은?(19:39)

①요압 ②김함 ③**바르실래** ④잇대

76. 다윗 왕을 자기들의 종친이라고 주장한 사람은 누구인가?(19:42)

①**유다 사람** ②다윗의 병사들 ③이스라엘 사람 ④백부장들

77. 베냐민사람으로 불량배인 비그리의 아들은 누구인가요?(20:1)

①잇대 ②아비새 ③요압 ④**세바**

78. 이스라엘 사람들은 다윗을 떠나 누구를 따랐나요?(20:2)

①잇대 ②**세바** ③요압 ④아마사

79. 요압이 칼로 배를 찌르매 창자가 땅에 쏟아져 죽은 사람은?(20:10)

①잇대 ②세바 ③비그리 ④**아마사**

80. 세바가 죽임 당한 후 이스라엘 군대의 지휘관이 된 사람은?(20:23)

①이라 ②브나야 ③**요압** ④아도람

81. 사울과 피를 흘린 그의 집으로 말미암아 몇 년간 기근이 임했나?(21:1)

①2년 ②**3년** ③3년 6개월 ④4년

82. 이스라엘 족속이 아니요 아모리 사람 중에서 남은 이들은?(21:2)

①가나안 족속 ②**기브온 족속**

③헷 족속 ④히위 족속

83. 이스라엘의 등불이 꺼지지 말게하소서에서 등불은 누구를 말하나?(21:17)

①**다윗** ②요압 ③압살롬 ④아비새

84. 거인족으로 골리앗의 동생은 누구인가요?(21:19)

①삽 ②십브개 ③**라흐미** ④이스비브놉

85. 다윗이 환난중에 아뢸때 어디서 다윗의 소리를 들으셨나요 ?(22:7)

①스올 ②땅 ③**성전** ④하늘

86. 자비한 자에게는 주님은 어떤 주님으로 나타나시나요?(22:26)

①**자비하심** ②동행하심 ③응답하심 ④구원하심

87. 그들이 도움을 구해도 (   )할 자가 없었고, 괄호 안에?(22:42)

①**구원** ②도와줄 ③응답 ④이기게

88. 모든 민족 중에서 감사하며 찬양할 이름은 어떤 이름인가요?(22:50)

①다윗의 이름 ②민족의 이름 ③바알의 이름 ④**주의 이름**

89. 이스라엘의 노래 잘 하는 자란 누구를 가리켰나요?(23:1)

①사울 ②나단 ③**다윗** ④사무엘

90. 다음의 이름들에서 다윗과 함께 한 세 용사가 아닌 사람은?(23:8-9)

①**요나단** ②아디노

③엘르아살 ④요셉밧세벳

91. 세 용사가 베들레헴 성문의 우물 물을 길어오자 다윗은?(23:16-17)

①버림 ②세 용사에게 줌

③군인들에게 줌 ④**여호와께 드림**

92. 다윗이 세워서 시위대 대장을 삼은 사람은?(23:22-23)

①아비새 ②**브나야** ③아사헬 ④살몬

93. 여호와께서 다윗을 격동하사 다윗이 하게 한 일은 무엇인가?(24:1)

①병력 조사 ②재산의 조사 ③**인구 조사** ④무기를 챙김

94. 인구 조사로 다윗과 이스라엘에 내린 여호와의 벌은 무엇인가?(24:15)

①**7만 명이 죽음** ②죽은 자 3천명

③장애자 7천명 ④7백 명이 죽음

95. 여호와께 제단을 쌓아 백성에게 무엇이 그치기를 원했나요?(24:21)

①염병이 그침 ②사탄의 훼방 ③**재앙** ④질병

96. 다윗이 제단을 쌓고 번제와 화목제를 드린 곳은 어디인가?(24:24-25)

①들 ②**타작 마당** ③폐허가 된 헛간 ④산

열왕기상

1. 다윗 왕이 늙어 몸이 차자 왕을 위해서 데려온 처녀는?(1:1-3)

①스루야 ②아비가일 ③**아비삭** ④밧세바

2. 스스로 높여 왕이 되리라고 한 학깃의 아들은 누구인가?(1:5)

①**아도니야** ②사독 ③아비아달 ④브나야

3. 솔로몬을 왕으로 세우기 위해 기름부음을 한 제사장은?(1:34)

①힐기야 ②나단 ③**사독** ④브나야

4. 아도니야가 왕이 된 솔로몬을 두려워하여 잡은 것은 무엇인가?(1:50)

①창 ②기둥 ③**제단 뿔** ④제단

5. 이제 세상 모든 사람이 가는 길로 가게 되었다고 유언한 왕은?(2:2)

①솔로몬 ②**다윗** ③사울 ④요압

6. 솔로몬이 다윗의 왕위에 앉으니 이스라엘이 어찌 되었나요?(2:12)

①**심히 견고해짐** ②나라가 어려워짐

③반란이 일어남 ④심히 약해짐

7. 솔로몬은 누구를 보내 아도니야를 죽였나요?(2:25)

①아비아달 ②김함 ③**브나야** ④시므이

8. 솔로몬왕이 고향인 아나돗으로 돌려 보낸 제사장은 누구인가?(2:26)

①사독 ②아도니야 ③브나야 ④**아비아달**

9. 솔로몬이 애굽의 왕 바로와 더불어 맺은 관계는 무엇인가요?(3:1)

①평화 조약 ②**혼인 관계** ③애굽에 조공 바침 ④무역 관계

10. 종은 작은 아이라 출입할 줄을 알지 못하고라고 고백한 왕은?(3:7)

①다윗 ②나단 ③사무엘 ④**솔로몬**

11. 일천번제 후 솔로몬이 구한 것은 무엇인가요?(3:11)

①오래 사는 것 ②부자 ③**지혜로운 판결** ④원수를 멸함

12. 하나님의 지혜가 솔로몬의 속에 있어 백성들이 보인 태도는?(3:28)

①**왕을 두려워함** ②거짓을 버림

③자부심이 높아짐 ④왕을 칭찬함

13. 다음의 사람들에서 제사장이 아닌 사람은 누구인가요?(4:2-4)

①아비아달 ②아사리아 ③사독 ④**아히야**

14. 솔로몬의 하루 음식물에 들어가지 않는 것은?(4:22-23)

①**가지** ②밀가루 ③살진 소 ④양

15. 포도나무 아래와 무화과 나무 아래에서 평안히 살던 시대는?(4:25)

①애굽 시대 ②다윗 시대 ③**솔로몬 시대** ④압살롬 시대

16. 솔로몬은 잠언 3천 가지와 몇 편의 노래를 지었나요?(4:32)

①3.000 ②1.500 ③3.005 ④**1.005**

17. 두로 왕 히람은 평생에 누구를 사랑했다고 했나요?(5:1)

①밧세바 ②**다윗** ③아비삭 ④솔로몬

18. 솔로몬은 두로 왕 히람에게 무엇을 요구했나요?(5:2,6)

①**백향목** ②조각목 ③돌 ④일꾼들

19. 성전 건축을 위해 함께 약조를 한 두 사람은 누구인가요?(5:12)

①바로, 솔로몬 ②사독, 아비아달

③아히살, 아도니람 ④**히람, 솔로몬**

20. 다음에 건축자에 해당되지 않는 사람은 누구인가요?(5:18)

①그발 사람 ②**아도니람** ③히람의 건축자 ④솔로몬의 건축자

21. 솔로몬때 이스라엘 백성이 애굽 땅에서 나온지 몇 년이 되었나?(6:7)

①380 년 ②400 년 ③430 년 ④**480 년**

22. 다음에서 하나님의 약속과 관계가 없는 것은 무엇인가요?(6:12)

①법도 ②율례 ③계명 ④**조상**

23. 성전 안에 내소를 마련하여 거기에 무엇을 두려고 했나요?(6:19)

①**언약궤** ②금으로 만든 그릇

③감람나무 ④다윗의 묘

24. 솔로몬이 성전을 건축하는데 걸린 기간은 얼마인가요?(6:38)

①십칠년 ②삼년 ③십오년 ④**칠년**

25. 솔로몬이 자신의 왕궁을 건축하는데 걸린 기간은 얼마인가?(7:1)

①칠년 ②**십삼년** ③십일년 ④십오년

26. 모든 놋 일에 지혜와 총명과 재능을 구비한 히람은 어디 출신?(7:14)

①애굽 ②모압 ③**두로** ④바벨론

27. 히람은 여호와의 전의 모든 일을 누구를 위해서 했나요?(7:40)

①하나님 ②자기 자신 ③두로 왕 ④**솔로몬 왕**

28. 솔로몬은 다윗이 드린 물건들을 어디에 두었나요?(7:51)

①성소 안에　②**성전 곳간**　③왕의 창고　④보물을 두는 보관소

29. 제사장이 성소에서 나올 때 여호와의 성전에 가득했던 것은?(8:10)

①하늘　②그룹-천사　③빛-광채　④**구름**

30. 솔로몬은 누가 홀로 사람의 마음을 다 안다고 했나요?(8:39)

①솔로몬　②다윗　③**여호와**　④이스라엘의 왕

31. 우리의 마음을 그의 모든 길로 행하게 하시오며에서 그는?(8:58)

①**여호와**　②솔로몬　③모세　④다윗

32. 솔로몬이 성전 앞뜰에서 거룩하게 구별하여 드린 제물이 아닌 것은?(8:64)

①번제물　②소제물　③**아사셀**　④화목제

33. 네 기도와 네가 (　　) 간구한 바를 내가 들었은즉, 괄호 안에?(9:3)

①**내 앞에서**　②눈물로　③진심으로　④다윗을 따라

34. 솔로몬이 두로 왕 히람에게 사례로 준 것은 무엇인가요?(9:11)

①실로의 평야　②**갈릴리의 성읍**

③여리고의 우물　④벧엘의 땅

35. 다음에서 솔로몬이 노예로 삼지 않은 사람은 누구인가?(9:20-21)

①아모리 사람　②브리스 사람　③히위 사람　④**이스라엘 자손**

36. 솔로몬이 해마다 몇 번씩 번제와 감사의 제물을 드렸나요?(9:25)

①두 번씩　②**세 번씩**　③아침 저녁으로　④네 번씩

37. 솔로몬의 명성을 듣고 와서 시험하려고 찾아 온 사람은?(10:1)

①애굽 왕 바로　②**스바의 여왕**

③에디오피아 왕　④두로 왕 히람

38. 스바의 여왕이 솔로몬에게 드린 금은 얼마나 되었나?(10:10)

①60 달란트　②일 백 달란트　③**120 달란트**　④30 달란트

39. 재산과 지혜가 세상의 그 어느 왕보다 크다고 한 사람은?(10:23)

①다윗　②**솔로몬**　③스바의 여왕　④애굽 왕 바로

40. 솔로몬의 말들은 어디에서 들여왔다고 했나요?(10:28)

①두로　②에디오피아　③**애굽**　④바벨론

41. 솔로몬이 여호와 앞에 온전하지 못하게 된 까닭은?(11:4)

①**이방 여인들과 결혼**　②이방 나라와 무역　③이방 나라와의 조약

42. 다음에서 솔로몬이 위했던 다른 신들이 아닌 것은?(11:5-7)

①아스다롯 ②밀곰 ③그모스 ④**바로**

43. 이스라엘에서 열 지파를 누구에게 준다고 하였나요?(11:31,35)

①아히야 ②르호보암 ③**여로보암** ④이방 나라의 왕들

44. 솔로몬이 이스라엘의 왕의 자리에 재위했던 기간은 얼마인가?(11:42)

①30년 ②47년 ③37년 ④**40년**

45. 이스라엘 백성이 세겜에 모여 왕으로 삼고자 한 사람은?(12:1)

①여로보암 ②아히야 ③갓 ④**르호보암**

46. 르호보암이 보낸 사람을 돌로 쳐서 죽은 사람은 누구인가?(12:18)

①아도니야 ②**아도람** ③아도니 베섹 ④아히야

47. 르호보암을 떠난 이스라엘 백성은 누구를 왕으로 삼았나요?(12:20)

①**여로보암** ②갓 ③아히야 ④이스라엘의 장로들

48. 여로보암은 두 금송아지를 만들어 어디에 두었나요?(12:27-29)

①길갈, 세겜 ②세겜, 단

③**벧엘, 단** ④세겜, 벧엘

49. 하나님의 사람이 제단을 향해 말할 때 손이 마르게 된 자는?(13:4)

①하나님의 사람 **②여로보암** ③벧엘의 선지자 ④르호보암

50. 하나님의 사람을 속인 늙은 선지자는 어디 사람인가?(13:11,18)

①길갈 ②여리고 **③벧엘** ④요단

51. 하나님의 사람이 죽게 된 까닭은 무엇인가요?(13:26)

①말씀을 어김 ②사자에게 물려서 ③굶주려서 ④떡을 먹음

52. 일반 백성을 산당의 제사장으로 삼은 사람은 누구인가요?(13:33)

①벧엘선지자 ②여로보암의 종 ③르호보암 **④여로보암**

53. 아비야가 병들자 여로보암은 자기 아내를 누구에게 보냈나요?(14:4)

①아비아달 ②사붓 **③아히야** ④유다의 선지자

54. 다음에서 여로보암의 아내가 들은 말이 아닌 것은 무엇인가?(14:9)

①나를 높이고 ②다른 신을 만들며

③노엽게 하고 ④등 뒤에 버림

55. (　　) 속한 사내는 이스라엘 가운데 다 끊어버림의 저주는?(14:11)

①르호보암 **②여로보암** ③아히야 ④아비아달

56. 르호보암은 유다 왕이 되어 몇 년 동안 다스렸나요?(14:21)

①12년 ②7년 ③20년 ④**17년**

57. 우리아의 일 외에 평생에 여호와께 정직하게 행한 사람은?(15:5)

①아비얌 ②**다윗** ③솔로몬 ④로호보암

58. 아사왕은 예루살렘에서 왕이되어 몇 년 동안 다스렸나요?(15:9-10)

①**41년** ②39년 ③28년 ④9년

59. 바아사가 유다를 침략하자 아사가 도움을 구한 사람은?(15:18)

①**아람 왕 벤하닷** ②두로 왕 ③바벨론 왕 ④애굽 왕 바로

60. 바아사는 악을 행하며 누구의 길로 행하였다고 했나요?(15:34)

①나답 ②**여로보암** ③벧엘의 선지자 ④여로보암의 아내

61. 다음의 말에서 바아사에게 임한 하나님의 진노가 아닌 것은?(16:4)

①개가 먹다 ②성읍에서 죽다

③**늑대가 먹다** ④들에서 죽다

62. 왕위에 오르자 바아사의 온 집안 사람들을 죽인 사람은?(16:11)

①**시므리** ②오므리 ③아르사 ④엘라

63. 왕궁에 불을 지르고 그 가운데에서 죽은 사람은 누구인가요?(16:18)

①오므리 ②엘라 ③아합 ④**시므리**

64. 자기 이전의 모든 사람보다 여호와께 악을 더욱 행한 왕은?(16:30)

①오므리 ②엘라 ③**아합** ④시므리

65. 수 년 동안 비도 이슬도 있지 않겠다고 예언한 사람은 누구인가?(17:1)

①아합 ②이세벨 ③**엘리야** ④엘리사

66. 하나님은 까마귀들에게 명령하여 누구를 먹이셨나요?(17:2,4)

①아합 ②**엘리야** ③엘리사 ④사르밧의 과부

67. 통의 가루가 떨어지지 않을 때 병의 기름은 어떠했나요?(17:16)

①그침 ②기름병에서 넘침

③조금씩 생김 ④**없어지지 않음**

68. 당신의 입에 있는 여호와의 말씀이 ( )줄 아노라, 괄호 안에?(17:24)

①**진실한** ②믿을 만한 ③참인 ④생명인

69. 선지자 백명을 오십명씩 굴에 숨겨 떡과 물을 먹였던 사람은?(18:4)

①엘리야 ②이세벨 ③**오바댜** ④아합

70. 내가 오늘 아합에게 보이리라에서 '내가'는 누구인가요?(18:15)

①**엘리야** ②이세벨 ③오바댜 ④아합

71. 엘리야를 보고 이스라엘을 괴롭게 하는 자라고 말한 사람은?(18:17)

①아사 ②요아스 ③**아합** ④이세벨

72. 엘리야가 허리를 동이고 아합 앞에서 달려갔던 힘은?(18:46)

①아합의 마차가 느려 ②**여호와의 능력으로**

③엘리야의 발이 빨라서 ④이세벨의 도움으로

73. 이세벨이 엘리야를 죽이려 하자 어디로 피했나요?(19:4)

①**광야** ②브엘세바 ③길르앗 ④아둘람 굴

74. 엘리야가 로뎀 나무 아래에서 잘 때 누가 어루만져 주었나요?(19:5)

①아합 ②오바댜 ③이세벨 ④**천사**

75. 하나님은 누구에게 기름을 부어 선지자가 되게 하라셨나요?(19:16)

①**엘리사** ②예후 ③하사엘 ④사밧

76. 한 겨릿소를 가져다가 잡고 그 고기를 삶아 백성에게 준 자는?(19:21)

①엘리야 ②예후 ③하사엘 ④**엘리사**

77. 아람의 벤하닷 왕은 군대를 모아 어디를 에워쌌다고 했나요?(20:1)

①세겜　②**사마리아**　③벧엘　④예루살렘

78. 이스라엘 각 지방 고관의 청년들은 누구를 쳐서 이겼나요?(20:19-21)

①**아람 사람들**　②엘리야　③아합　④벤하닷

79. 그들의 신은 산의 신이므로 우리보다 강하다고 말한 사람은?(20:23)

①아람 왕　②이스라엘 왕　③이스라엘 신하　④**아람 왕의 신하**

80. 벤하닷은 이스라엘 군사를 피하여 어디로 도망했나요?(20:30)

①광야　②**골방**　③굴　④보리 볏짚

81. 아합은 나봇에게 무엇을 달라 하여 채소 밭을 삼기 원했나요?(21:2)

①동산　②**포도원**　③밭　④밀 밭

82. 불량자 두 사람의 거짓 증언으로 나봇은 어떻게 되었나요?(21:13)

①**돌로 죽임을 당함**　②포박하여 들에 버려짐

③굶김　④광야로 내쫓김

83. 개들이 네 피 곧 네 몸의 피도 핥으리라에서 '네'는 누구인가?(21:19)

①이세벨　②나봇　③**아합**　④불량자

84. 아합이 하나님의 말씀을 듣고 취한 행동이 아닌것은 무엇인가?(21:27)

①옷을 찢고 **②음식을 먹으며**

③굵은 베로 ④풀이 죽어

85. 이스라엘 왕은 여호사밧에게 어디에서 아람과 싸우자 했나요?(22:4)

①벧엘 ②아람 **③길르앗 라못** ④골짜기

86. 자기를 변장하고 아람과의 전쟁터로 들어가 이스라엘 왕은?(22:30)

①여호사밧 **②아합** ③시드기야 ④미기야

87. 자기의 아버지 아사의 모든 길로 행하였던 유다의 왕은?(22:43)

①시드기야 ②아합 **③여호사밧** ④아하시야

88. 오빌로 금을 구하러 보내려 했던 선박이 파선한 곳은?(22:48)

①에시온게벨 ②다시스 ③두로 ④암몬

열왕기하

1. 아합의 아들 아하시야가 병이 들게 된 까닭은 무엇이라 했나요?(1:2)

①몸이 약해서　②전쟁하다　③**난간에서 떨어짐**　④활에 맞아

2. 아합의 아들 아하시야가 죽게 될 것이라고 경고하신 이유는?(1:3-4)

①하나님을 찾지 않아서　② 음행해서

③약을 먹어서　④**바알세숩에게 물어서**

3. 하늘에서 불이 내려 이스라엘 사람 얼마가 죽었나요?(1:12)

①**50명**　②102명　③100명　④51명

4. 바알세숩은 어느 나라의 우상인가요?(1:16)

①애굽　②모압　③**에그론**　④사마리아

5. 엘리야가 승천하기전에 들렸던 곳이 아닌곳은 어디인가?(2:2,4,6)

①벧엘　②여리고　③요단　④**세겜**

6. 겉옷을 말아 물을 치매 물이 갈라지게 한 사람은 누구인가요?(2:8)

①엘리사　②**엘리야**　③벧엘의 생도　④여리고의 생도

7. 엘리야에게 임한 성령의 역사를 갑절이나 원한 사람은?(2:9)

①**엘리사** ②벧엘의 생도 ③여리고의 생도 ④벧엘의 제사장

8. 엘리야가 무엇을 타고 하늘로 올라갔나요?(2:11)

①구름 ②천사의 도움 ③병거 ④**회오리 바람**

9. 여호와께 악했지만 부모와 같지는 않았던 이스라엘의 왕은?(3:1-2)

①**여호람** ②여호사밧 ③시드기야 ④아하시야

10. 모압이 이스라엘을 배반하자 여호람이 도움을 구한 사람은?(3:7)

①엘리사 ②벧엘의 선지자 ③**여호사밧** ④제사장

11. 여호람이 모압을 공격하려고 동맹한 나라가 아닌 것은?(3:9)

①이스라엘 ②**두로** ③유다 ④에돔

12. 여호와께서 모압을 여호람의 손에 넘긴다고 말한 사람은?(3:18)

①엘리야 ②시드기야 ③미가야 ④**엘리사**

13. 이웃에게 그릇을 빌려 기름이 가득차게 도움을 받은 여인은?(4:1,3)

①**선지 생도의 아내** ②이방 여인

③사르밧 여인 ④왕의 신하의 부인

14. 엘리사가 지날 때마다 음식을 대접했던 여인이 살던 곳은?(4:8)

①길갈 ②여리고 ③**수넴** ④벧엘

15. 엘리사의 도움으로 얻은 아들이 죽자 수넴 여인이 취한 행동은?(4:21)

①대성통곡을 함 ②**엘리사의 침상에 둠**

③남편에게 알림 ④하인을 시켜 의원을 부름

16. 들호박의 국에 독이 있자 엘리사는 무엇을 넣으라 했나요?(4:39-41)

①손 ②**가루** ③소금 ④물

17. 아람의 군대장관으로 나병에 걸린 사람은 누구인가?(5:1)

①**나아만** ②헤개 ③랍사개 ④소발

18. 나아만이 나병을 고치기 위해 요단 강에 몸을 몇 번 씻으라 했나?(5:10)

①**일곱 번** ②네 번 ③세 번 ④열두 번

19. 나병이 어린 아이의 살 같이 회복된 사람은 누구인가요?(5:14)

①**나아만** ②이스라엘 왕 ③나아만의 종 ④게하시

20. 게하시는 은 한 달란트와 옷 두 벌을 누구에게 달라 했나요?(5:21-22)

①아람 나라의 사신 ②엘리사 ③나아만의 종 ④**나아만**

21. 엘리사를 속이고 물품을 받은 게하시가 받은 벌은 무엇인가요?(5:27)

①죽음　②**나병**　③저주　④손이 마름

22. 엘리사의 제자가 빠트린 도끼를 무엇으로 떠오르게 하였나?(6:6)

①**나뭇가지**　②돌　③지팡이　④소금

23. 아람 군대가 사마리아를 에워싸자 어떻게 되었나요?(6:24-25)

①마실 물이 떨어짐　②공포에 질림

③자살을 함　④**성 중이 크게 주림**

24. 이 재앙이 여호와께로부터 나왔으니는 누가 한 말인가?(6:33)

①엘리사　②백성의 장로들　③**이스라엘 왕**　④아람의 왕

25. 고운 밀가루 (　　)를 한 세겔로 매매하고, 괄호 안에?(7:1)

①**한 스아**　②한 세겔　③두 스아　④두 세겔

26. 오늘은 아름다운 소식이 있는 날이거늘은 누가 한 말인가?(7:9)

①엘리사　②이스라엘 왕　③**나병환자들**　④아람 왕

27. 다음의 낱말들에서 서로 관련이 없는 것은?(7:13)

①신하 중 한 사람　②말 다섯 마리　③사람을 보내　④**칼과 창**

28. 백성들이 나가서 (　　) 사람의 진영을 노략한지라, 괄호 안에?(7:16)

①**아람**　②이스라엘　③모압　④벧엘

29. 사마리아의 7년 기근에 수넴 여자는 어디로 갔나요?(8:2)

①두로　②**블레셋**　③모압　④길갈

30. 엘리사는 하사엘의 얼굴을 쏘아보다가 어떻게 했나요?(8:11)

①**울다**　②뺨에 침을 뱉다

③화를 내다　④뺨을 때리다

31. 하사엘은 이불을 물에 적셔 누구의 얼굴을 덮어 죽였나요?(8:7,15)

①여호람　②아하시야　③게하시　④**벤하닷**

32. 유다의 왕 여호람은 누구의 딸을 아내로 맞이했나요?(8:18)

①에담 왕　②**아합**　③바로　④모압 왕

33. 엘리사의 제자는 누구에게 기름을 부어 왕으로 삼았나요?(9:5-6)

①요람　②**예후**　③하사엘　④여호사밧

34. 요람은 누가 쏜 화살이 자기의 염통을 꿰뚫어 죽었나요?(9:24)

①빗갈　②이스라엘 병사　③하사엘　④**예후**

35. 예후를 피하여 도망한 아하시야 왕은 어디에서 죽었나요?(9:27)

①벧엘 ②에루살렘 ③**므깃도** ④여리고

36. 이스르엘 토지에서 개들이 ( )의 살을 먹을지라, 괄호 안에?(9:36)

①**이세벨** ②아합 ③아하시야 ④여로보암

37. 예후는 사마리아에 있는 아합의 아들 몇 명을 죽였나요?(10:1,7)

①20명 ②10명 ③**70명** ④30명

38. 아합의 아들들을 죽임으로써 누구에게 하신 말씀의 성취되었나?(10:10)

①엘리사 ②갓 ③나단 ④**엘리야**

39. 아합은 바알을 조금 섬겼으나 예후는 어떻게 한다고 했나요?(10:18)

①**많이 섬김** ②아합처럼 섬김
③바알의 신상을 없앰 ④바알을 거절함

40. 하나님은 예후의 집에 이스라엘 왕 몇 대를 약속해 주셨나요?(10:30)

①2대 ②**4대** ③3대 ④5대

41. 아달랴를 피하여 죽임을 당하지 않은 아하시야의 아들은?(11:2)

①요람 ②**요아스** ③아하스 ④여호세바

42. 아달랴가 나라를 다스리는 동안 요아스가 숨어 지낸 곳은?(11:3)

①유모의 집 ②선지자의 집 ③광야 ④**성전**

43. 어린 요시야를 왕으로 세운 제사장은 누구인가요?(11:9,12)

①아사랴 ②**여호야다** ③여호야긴 ④힐기야

44. 온 백성이 바알의 신당을 무너뜨리고 제사장 (　　)을 죽이니라.(11:18)

①**맛단** ②아달랴 ③아세라 ④시드기야

45. 요아스는 누구로부터 교훈을 받아 여호와께 정직했나요?(12:2)

①어머니 시비아 ②유모 ③**여호야다** ④엘리사

46. 속건제의 은과 속죄제의 은은 어떻게 드리게 했나요?(12:16)

①**제사장에게 돌림** ②여호야다의 몫 ③왕의 몫 ④선지자에게 줌

47. 요아스는 성물과 성전 곳간에 있는 금을 누구에게 주었나요?(12:18)

①엘리사 선지자 ②모압 왕 ③암몬 왕 ④**아람 왕 하사엘**

48. 요아스는 어떻게 해서 죽임을 당했나요?(12:20)

①아람과의 전쟁 ②하나님의 진노

③**신복들의 반역** ④병이 들어서

49. 여로보암의 죄에서 떠나지 않아 하사엘에게 넘겨진 왕은?(13:1,3)

①여로보암2세 **②여호아하스**

③므나헴 ④여호야다

50. 이스라엘 왕으로서 재위 때 유다 왕 아마샤와 전쟁을 한 사람은?(13:12)

①여로보암2세 **②요아스** ③므나헴 ④여호아하스

51. 엘리사가 요아스 왕에게 땅을 치라 할 때 몇 번 쳤나요?(13:18)

①다섯 번 ②일곱 번 **③세 번** ④셀 수 없이 많음

52. 요아스가 벤하닷을 몇 번 쳐서 무찌르고 성읍들을 회복했나?(13:25)

①두 번 ②한 번 **③세 번** ④셀 수 없이 많음

53. 부왕을 죽인 신복들만 죽이고 자녀를 죽이지 아니한 왕은?(14:5-6)

①아마샤 ②아달랴 ③요아스 ④아하시야

54. 예루살렘 성벽이 사백 규빗이 헐리고 사마리아로 잡혀간 왕은?(14:13-14)

①아사랴 ②힐기야 ③여호사밧 **④아마샤**

55. 유다의 왕 아마샤가 죽은 후에 왕이 된 사람은 누구인가요?(14:21)

①스가랴 **②아사랴** ③요담 ④베가

56. 이스라엘 영토을 하맛 어귀에서 아라바 바다까지 회복한 왕은?(14:25)

①르호보암 ②요아스 ③여호아하스 ④**여로보암 2세**

57. 여호와께서 아라샤를 치시자 그는 어떻게 되었나요?(15:5)

①**나병환자** ②소경

③절뚝발이 ④귀머거리

58. 야베스의 아들 살룸은 이스라엘 왕 누구를 반역하였나요?(15:10)

①베가 ②**스가랴** ③호세아 ④엘라

59. 이스라엘 왕궁 호위소에서 브가히야 왕을 죽인 자는 누구인가?(15:25)

①**베가** ②스가랴 ③호세아 ④엘라

60. 유다의 왕 요담은 누구의 행위를 따라 여호와께 정직했나요?(15:34)

①아사랴 ②요아스 ③**웃시야** ④아마샤

61. 유다의 왕으로서 이스라엘의 여러 왕의 길로 행하였던 자는?(16:2-3)

①요담 ②아마샤 ③아사랴 ④**아하스**

62. 아하스는 성전과 왕궁 곳간의 은금을 누구에게 주었나요?(16:7-8)

①르신 ②**디글랏 빌레셀** ③암몬 왕 ④베가

63. 다메섹 제단을 예루살렘에 세워서 제사를 드린 자는?(16:7,12)

①**아하스** ②아마샤

③아사랴 ④제사장 우리야

64. 아하스의 뒤를 이어 유다의 왕이 된 사람은 누구인가?(16:20)

①므낫세 ②요아스 ③**히스기야** ④여호사밧

65. 앗수르의 살만에셀 왕에게 조공을 거절했던 이스라엘의 왕은?(17:3)

①**호세아** ②엘라 ③예후 ④여호아하스

66. 북 이스라엘은 호세아 왕 몇 년에 멸망하였나요?(17:6)

①제 오년 ② 제 칠년 ③ 제 팔년 ④ **제 구년**

67. 앗수르 왕이 사마리아 여러 성읍에 이주시킨 백성이 아닌 것은?(17:24)

①구다 ②아와 ③**메대** ④스발와임

68. 하나님은 이스라엘 백성을 큰 능력과 무엇으로 인도해 내셨나?(17:36)

①말씀 ②**편 팔** ③지팡이 ④언약궤

69. 유다 여러 왕 중에 그런 자가 없도록 여호와를 의지한 왕은?(18:5)

①요아스 ②아하스 ③**히스기야** ④웃시야

70. 유다 모든 견고한 성읍들을 쳐서 점령한 앗수르의 왕은?(18:13)

①**산헤립** ②베가 ③힐기야 ④디글랏 빌레셀

71. 랍사게에게 아람말로 말할것을 요청한 사람이 아닌 사람은?(18:26)

①엘리야김 ②셉나 ③**헤개** ④요아

72. 너희는 내게 항복하고 내게로 나아오라는 누가 한 말인가?(18:28,31)

①바벨론 왕 ②**앗수르 왕** ③암몬 왕 ④이스라엘 왕

73. 랍사게의 말을 전해들은 히스기야가 취한 행동이 아닌 것은?(19:1)

①여호와의 전에 ②옷을 찢고

③굵은 베를 두르고 ④**전쟁을 모의**

74. 성전에 올라가 여호와 앞에 편지를 펴 놓고 기도한 유다의 왕은?(19:14)

①요시야 ②므낫세 ③아하스 ④**히스기야**

75. 처녀딸 시온이 너를 멸시하며에서 너는 누구를 가리키나요?(19:21)

①랍사게 ②이스라엘 왕 ③**산헤립** ④바로

76. 여호와의 사자가 나와서 앗수르의 군사를 얼마나 쳤나요?(19:35)

①175,000명 ②**185,000명** ③195,000명 ④205,000명

77. 죽음앞에서 기도로 15년의 목숨을 연장 받은 유다의 왕은?(20:6)

①이사야 ②다윗 ③하나님 ④**히스기야**

78. 이사야의 기도로 해시계의 그림자가 어떻게 움직였나요?(20:11)

①10도 정지됨 ②**10도 뒤로 물러남**

③15년 정지됨 ④10도 앞으로 감

79. 히스기야가 병들었을 때 누구의 사신들이 문안을 왔나요?(20:12)

①애굽의 왕 ②앗수르의 왕 ③모압의 왕 ④**바벨론의 왕**

80. 바벨론의 사신들에게 히스기야는 무엇을 보여주었나요?(20:15)

①유다의 모든 것 ②**왕궁의 보물** ③예루살렘 성전 ④무기

81. 유다의 왕이 되어 아버지가 헐어버린 산당을 다시 세운 자는?(21:1,3)

①**므낫세** ②요시야 ③요아스 ④여호야김

82. 므낫세 왕이 손수 새겨 만들어 성전에 세운 우상은 무엇인가요?(21:7)

①놋뱀 ②아론의 지팡이 ③**아세라 목상** ④바알

83. 아모리 사람들의 우상으로 유다를 범죄하게 한 왕은?(21:11)

①여호야김 ②요시야 ③요아스 ④**므낫세**

84. 므낫세는 무죄한 자의 피를 많이 흘려 어디에 가득하게 되었나?(21:16)

①여리고 ②**예루살렘** ③아골 골짜기 ④벧엘

85. 어려서 유다의 왕이 된 후에 성전을 수리하게 한 사람은?(22:3,6)

①**요시야** ②시드기야 ③웃시야 ④여호야김

86. 왕이 ( )의 말을 듣자 곧 그의 옷을 찢으니라, 괄호 안에 ?(22:11)

①서기관 ②유다 왕의 역대지략

③**율법책** ④제사장

87. 율법책의 말씀에 대하여 제사장들은 누구에게 가서 물었나요?(22:14)

①**훌다** ②아히감 ③힐기야 ④사반

88. 유다에 내리는 재앙을 누구에게만 보지 않게 하신다 했나요?(22:20)

①사반 ②**요시야** ③힐기야 ④악볼

89. 책에 기록된 언약의 말씀을 이루겠다고 언약을 세운 왕은?(23:3)

①아하스 ②**요시야** ③히스기야 ④므낫세

90. 바알, 아세라, 하늘의 일월 성신을 위한 그릇들은 어떻게했나?(23:4)

①땅에 묻음 ②**불사름** ③부수어버림 ④광야에 버림

91. 누구를 예루살렘 여호와의 제단에 올라가지 못하게 했나요?(23:9)

①유다 백성 ②우상을 만든 사람

③왕궁의 하인들 **④산당들의 제사장**

92. 요아스 왕은 여호와 앞에서 유다 최초로 무엇을 지켰나요?(23:23)

①건국절 **②유월절** ③조상들의 제사 ④민족적인 회개

93. 하나님은 갈대아, 아람, 모압, 암몬의 연합군으로 어떻게 하셨나?(24:2)

①성전을 불태우심 **②유다를 멸하게 하심** ③다윗 왕조의 폐위

94. 애굽 강에서 유브라데 강까지 애굽에 속한 땅을 점령한 나라?(24:7)

①암몬 ②모압 ③두로 **④바벨론**

95. 유다의 왕이 되어 석달 동안 왕위에 있었던 사람은 누구인가요?(24:8)

①여호야긴 ②시드기야 ③요시야 ④여호야김

96. 유다를 쳐서 여호와의 성전의 금 그릇을 다 파괴한 사람은?(24:13)

①애굽 왕 ②암몬 왕 **③바벨론 왕** ④모압 왕

97. 두 눈을 뽑히고 놋 사슬로 결박되어 바벨론으로 끌려간 왕은?(25:7)

①여호야김 **②시드기야** ③요아스 ④여호야긴

98. 예루살렘에 이르러 여호와의 성전과 왕궁을 불사른 자는?(25:8-9)

①랍사게 ②바벨론의 제사장

③시드기야 ④**느부사라단**

99. 바벨론 왕을 섬기라고 말한 유다의 지도자는 누구였나요?(25:25)

①이스마엘 ②**그달리야** ③느다니야 ④스라야

100. 바벨론의 왕 에윌므로닥이 죄수의 옷을 벗게 해준 사람은?(25:27-29)

①유다의 제사장 ②다니엘 ③**여호야긴** ④모르드개

역대상

1. 에녹, 므두셀라, 라멕, 노아, 셈, 함과 야벳은 누구라 했나요?(1:3-4)

①아담의 후손 **②조상들**

③인류의 시작 ④아담의 족보

2. 다음에서 아브라함의 조상이 아닌 사람은 누구인가요?(1:24-27)

①나홀 ②데라 **③욕단** ④셀라

3. 이삭의 아들은 에서와 이스라엘이더라에서 이스라엘은 누구?(1:34)

①이스마엘 ②게달 ③엘리바스 **④야곱**

4. 이스라엘 자손을 다스리는 왕이 있기 전에 왕이 있던 족속은?(1:43)

①에돔 ②암몬 ③모압 ④블레셋

5. 다음에서 야곱의 아들이 아닌 사람은 누구인가요?(2:1-2)

①야벳 ②르우벤 ③유다 ④잇사갈

6. 룻의 남편으로서오벳을 낳은 사람은 누구인가요?(2:12)

①살마 ②베레스 ③세라 **④보아스**

7. 아들이 없어 딸을 애굽의 종과 결혼을 시킨 사람은 누구인가?(2:34-35)

①마아스 ②**세산** ③야다 ④고라

8. 다음에서 겐 종족의 사람이 아닌 종족은 누구인가요?(2:55)

①디랏 ②시므아 ③수갓 ④**갈렙**

9. 다윗의 아들로 넷째인 학깃의 소생은 누구인가?(3:2)

①암논 ②다니엘 ③**아도니야** ④스바댜

10. 다윗이 예루살렘에서 낳은 아들은 누구인가요?(3:5)

①**솔로몬** ②암논 ③압살롬 ④아도니야

11. 밧수아(밧세바)의 소생에 해당되지 않는 사람은 누구인가?(3:5)

①시므아 ②나단 ③솔로몬 ④**압살롬**

12. 다음에서 요시야의 아들이 아닌 사람은 누구인가요?(3:15)

①**여고냐** ②요하난

③여호야김 ④시드기야

13. 내가 수고로이 낳았다는 이름을 가진 사람은 누구인가요?(4:9)

①수하 ②스라야 ③**야베스** ④헤스론

14. 그들의 온 종족이 유다 자손처럼 번성하지 못한 종족은?(4:27)

①갈렙 자손 ②시몬 자손 ③에스라 자손 ④**시므이 자손**

15. 이 땅은 아름답고 기름지며 넓은데 옛적에 누가 거주했었나?(4:40)

①야벳의 자손 ②**함의 자손** ③셈의 자손 ④구스 자손

16. 세일 산으로 가서 아말렉 사람들을 쳐부순 사람들은 누구인가?(4:42)

①단의 자손 ②**시므온의 자손**

③갈렙의 자손 ④잇사갈의 자손

17. 아버지의 침상을 더럽혀 장자의 명분대로 기록되지 못한 자는?(5:1)

①시므온 ②납달리 ③**르우벤** ④유다

18. 르우벤의 장자의 명분은 누구에게 있다고 했나요?(5:2)

①**요셉** ②단 ③므낫세 ④잇사갈

19. 바산에 거주하면서 살르가까지 다다른 족속은 누구인가?(5:11)

①**갓 자손** ②단 자손 ③잇사갈 자손 ④르우벤 자손

20. 므낫세 반 지파 자손들이 살게 된 지역이 아닌 곳은 어디인가?(5:23)

①스닐 ②바알헤르몬 ③**사론의 모든 들** ④바산

21. 게르손, 그핫, 므라리는 누구의 아들들인가요?(6:1)

①엘가나 ②아사랴 ③솔로몬 ④**레위**

22. 아론, 모세, 미리암의 아버지는 누구인가요?(6:3)

①그핫 ②**아므람**

③엘르아살 ④웃시엘

23. 소벳→나합→엘리압→여로함→( ), 괄호 안에?(6:26-27)

①립니 ②암미나답 ③**엘가나** ④세라

24. 다윗에 의해서 회막 앞에서 찬송하는 일을 행한 사람은?(6:33)

①엘가나 ②**헤만** ③힐기야 ④사독

25. 아론→엘르아살→( )→아비수아→북기, 들어갈 말은?(6:50-51)

①아히둡 ②이스라히야 ③잇시야 ④**비느하스**

26. 다음에서 베냐민의 아들이 아닌 사람은 누구인가요?(7:6)

①벨라 ②**부아** ③베겔 ④여디아엘

27. 아래 윗 성 벧호론을 건설한 세에라는 누구의 딸인가?(7:24)

①**에브라임** ②마길 ③슬로보핫 ④울람

28. 정선된 용감한 장사요 방백의 우두머리는 누구의 자손인가?(7:40)

①납달리 ②므낫세 ③**아셀** ④베냐민

29. 베냐민은 아들을 몇 명 낳았다고 했나요?(8:1)

①**5명** ②2명 ③3명 ④7명

30. 베냐민 가문의 족장들은 가문의 우두머리로서 어디에 거주했나?(8:28)

①베들레헴 ②**예루살렘** ③여리고 ④사마리아

31. 넬→기스→(　　)→요나단의 계보에서, 괄호 안에?(8:33)

①다윗 ②시므이 ③웃사 ④**사울**

32. 다 용감한 장사요 활을 잘 쏘는 자라는 누구의 아들들인가?(8:40)

①**울람** ②넬 ③에섹 ④기브온

33. 성읍에 처음으로 거주한 사람들로서 서로 관련이 없는 것은?(9:2)

①제사장들 ②느디님 사람들

③**바벨론의 관리들** ④레위 사람들

34. 힐기야의 아들로서 하나님의 성전을 맡은 자는 누구였나요?(9:11)

①**아사랴** ②스마야 ③아히만 ④야긴

35. 고라의 자손들이 맡은 직임은 무엇인가요 ?(9:19)

①성읍 문지기 ②성물 제작 ③**성막 문지기** ④성전 보수

36. 살룸의 맏아들인 전병을 굽는 일을 맡았던 사람은 누구였나요?(9:31)

①스가랴 ②야하스 ③**맛디댜** ④오바댜

37. 이스라엘 사람들이 블레셋에게 도망하다가 죽임을 당한 산은?(10:1)

①**길보아 산** ②시혼 산 ③헬몬 산 ④느보 산

38. 블레셋과의 전투에서 사울은 어떻게 죽임을 당했나요?(10:4)

①활에 맞음 ②칼에 맞음 ③무기든 자가 죽임 ④**자살함**

39. 블레셋 사람들은 다곤의 신전에 무엇을 달았다고 했나요?(10:10)

①사울의 갑옷 ②사울의 칼 ③**사울의 머리** ④사울의 장화

40. 사울이 죽은 이유에 해당되지 않는 것은 무엇인가요?(10:13-14)

①말씀을 어김 ②**탐심을 부림**

③신접한 자를 부름 ④여호와께 묻지 않음

41. 이스라엘의 모든 장로는 헤브론에서 누구에게 기름을 부었나요?(11:3)

①요압 ②**다윗** ③압살롬 ④요나단

42. 다윗을 거절한 여부스 사람들을 제일 먼저 친 자는 누구인가?(11:6)

①야소브암 ②아비엘 ③엘하난 ④**요압**

43. 창을 휘둘러 삼백 명을 죽인 요압의 아우는 누구인가요?(11:20)

①엘하난 ②마하래 ③**아비새** ④이대

44. 다윗이 여호야다의 아들을 시위대장을 삼았는데 누구인가?(11:25)

①**브나야** ②십브개 ③이라 ④여디아엘

45. 다윗이 사울을 피해 시글락에 숨어있을 때 도와주었던 지파는?(12:1-2)

①아셀 지파 ②**베냐민 지파**

③유다 지파 ④르우벤 지파

46. 갓 사람 중에서 다윗에게로 돌아온 자가 아닌 사람은?(12:8-9)

①에셀 ②오바댜 ③엘리압 ④**브라가**

47. 성령이 삼십 명의 우두머리인 누구를 사로 잡으셨나요?(12:18)

①엘가나 ②**아마새** ③요엘라 ④요하난

48. 사울을 따르던 자 몇 명이 나와서 다윗의 군사가 되었나요 ?(12:29)

①1500명 ②2200명 ③**3000명** ④4000명

49. 다윗이 백성에게 의논하여 가져오기로 했던 것은 무엇인가요?(13:3)

①**하나님의 궤** ②사울의 묘 ③성막 ④이스라엘의 수도

50. 다윗은 하나님의 궤를 새 수레에 싣고 어디에서 나왔나요?(13:7)

①**아비나답의 집** ②사울이 살던 궁궐 ③성소 ④웃사의 집

51. 웃사가 손을 펴서 하나님의 궤를 붙들자 어떻게 되었나요?(13:10)

①소들이 미침 ②벼락이 침

③**하나님앞에서 죽음** ④궤가 떨어져 나감

52. 다윗은 하나님의 궤를 어디에 두도록 했나요?(13:13)

①마을 어귀 ②**오벧에돔의 집** ③성소 ④아히오의 집

53. 다윗이 왕이 되었다는 소식을 듣고 누가 다윗을 대항하려 했나?(14:8)

①암몬 사람 ②모압 사람 ③에돔 사람 ④**블레셋 사람**

54. 내 손으로 내 대적을 흩으셨다는 의미의 이름은 무엇인가?(14:11)

①**바알브라심** ②여호와 이레 ③에벤에셀 ④여호와 닛시

55. 곧 나가서 싸우라 너보다 ( )이 앞서 나아가서, 괄호 안에?(14:15)

①다윗 ②블레셋 ③사울 ④**하나님**

56. 모든 이방 민족으로 그를 두려워하게 하셨더라에서 '그'는?(14:17)

①예후 ②**다윗** ③히람 ④사울

57. 다윗이 누구 외에는 하나님의 궤를 멜 수 없다고 했나?(15:2)

①**레위사람** ②이스라엘 ③유다 지파 ④선지자

58. 레위 사람 중 놋제금으로 노래하는 자가 아닌 사람은?(15:19)

①헤만 ②아삽 ③에단 ④**고라**

59. 제사장으로 하나님의 궤 앞에서 나팔을 부는 자는 몇명인가?(15:24)

①3명 ②4명 ③**7명** ④12명

60. 다윗이 춤을 추자 누가 그를 업신여겼나요?(15:29)

①시므이 ②서기관 ③천부장들 ④**미갈**

61. 다윗이 여호와의 궤를 메고 들어가서 드렸던 제사는 무엇인가?(16:2)

①속죄제, 속건제 ②**번제, 화목제**

③소제, 화목제 ④속죄제, 화목제

62. 다윗이 누구와 그의 형제들을 세워 여호와를 찬양하게 하였나?(16:7)

①고라 ②요나단 ③**아삽** ④스마야

63. 여호와께 감사하라 ( ) 그의 인자하심이 영원함이로다(16:34)

①그는 거룩하시며 **②그는 선하시며**

③그는 아름다우시며 ④그는 방패시며

64. 항상 그 궤 앞에서 섬기게 하는 일을 누구에게 맡겼나요?(16:37)

①아삽과 그의 형제 ②호사 ③여두둔의 아들 ④이방 사람

65. 여호와의 언약궤가 휘장 아래에 있음에 고민했던 사람은?(17:1)

①사울 ②나단 ③**다윗** ④예후

66. 하나님은 누구를 세상에서 존귀한 자들의 이름같이 만들어 주셨나?(17:8)

①솔로몬 ②나단 ③ 사울 ④ **다윗**

67. 하나님께서는 누구에게 성전을 짓도록 하신다 하셨나요?(17:11-12)

①선지자 나단 ②**다윗의 아들** ③다윗의 후손 ④레위 사람

68. 주께서 영원히 주의 백성으로 삼은 사람들은 누구인가?(17:22)

①**이스라엘** ②레위 사람들 ③겐 족속 ④유다지파

69. 모압 사람이 다윗의 종이 되어 받친것은 무엇인가요?(18:2)

①곡식 ②사람 ③세금 ④**조공**

70. 다윗이 하닷에셀의 신하들에게서 빼앗은 것은 무엇인가요?(18:7)

①금 장식 칼 **②금 방패** ③금과 은 ④금 은 놋 그릇

71. 금과 은과 놋의 여러 가지 그릇을 다윗에게 가져온 자는?(18:10)

①요압 ②솔로몬 **③하도람** ④아비새

72. 스루야의 아들로 다윗의 군대장관이 된 사람은 누구인가?(18:15)

①요나단 ②브나야 **③요압** ④사독

73. 다윗은 누구에게 호의를 베풀려고 조문사절을 보냈나요?(19:1-2)

①하눈 ②마아가 ③나하스 ④사울

74. 암몬 자손이 다윗과 싸우기 위해 부른 용병이 아닌 사람들은?(19:6)

①아람 나하라임 ②소바 **③요압** ④아람마아가

75. 아람 사람이 도망함을 보고 성읍으로 도망친 자손은?(19:15)

①모압 자손 **②암몬 자손** ③에돔 자손 ④랍바 자손

76. 다윗과 더불어 화친하여 다윗을 섬긴 사람들은 누구인가요?(19:19)

①하닷에셀의 부하들 ②마아가

③나하스 ④아비새

77. 암몬 자손의 땅을 격파하고 들어가 랍바를 에워싼 사람은?(20:1)

①하눈　②**요압**　③아비새　④요나단

78. 다윗은 금 한 달란트의 누구의 왕관을 자기 머리에 썼나요?(20:1-2)

①모압 왕　②헷 사람　③**암몬 자손**　④블레셋

79. 십배가 죽임을 당하자 다윗에게 항복한 사람들은 누구인가?(20:4)

①**블레셋 사람들**　②모압 왕　③갈대아 사람　④암몬 자손

80. 손과 발가락이 여섯씩 스물 넷이 있는 용사를 죽인 자는?(20:6-7)

①시므아　②**요나단**　③요압　④다윗

81. 사탄이 일어나 이스라엘을 대적하도록 다윗에게 충동한 것은?(21:1)

①**인구 조사**　②무기 조사

③식량의 계수　④군사들의 계수

82. 어찌하여 이스라엘이 범죄하게 하시나이까 라고 직언한 자는?(21:3)

①시므아　②**요압**　③솔로몬　④나단 선지자

83. 다윗은 오르난의 타작마당을 산 값으로 금 얼마를 주었나요?(21:25)

①300세겔　② 400세겔　③500세겔　④**600세겔**

84. 다윗이 여부스사람 누구의 타작마당에서 응답하심을 받았나?(21:28)

①**오르난** ②아비나답 ③보아스 ④기드온

85. 여호와 하나님의 성전이요 이는 ( ) 번제단이라, 괄호 안에?(22:1)

①여호와의 ②**이스라엘의** ③우리의 ④이스라엘을 위한

86. 다윗이 죽기전에 솔로몬을 위해 준비한 것은 무엇인가요?(22:5)

①궁전 ②이스라엘 왕국 ③**성전의 건축** ④왕궁을 짓는 일

87. 다윗이 환난중에 여호와의 성전을 위해 금 몇 달란트를 준비했나?(22:14)

①오만 달란트 ②칠만 달란트 ③구만 달란트 ④**십만 달란트**

88. 마음과 뜻을 바쳐서 너희 하나님 여호와를 ( ), 괄호 안에?(22:19)

①**구하라** ②섬겨라 ③따르라 ④거룩하게

89. 성전에서 찬송하는 일을 맡은 레위 인의 숫자는 얼마인가요?(23:5)

①이만 사천 명 ②육천 명 ③이만 명 ④**사천 명**

90. 아론은 그 자손들과 함께 구별되어 어떻게 하라 했나요?(23:13)

①성전을 떠나지 않음 ②**몸을 성결하게 함**

③일하지 않음 ④제물로 드림

91. 다윗은 누가 이스라엘 백성에게 평강이 된다고 했나요?(23:25)

①모세 ②다윗 ③**하나님 여호와** ④하나님의 말씀

92. ( )과 초하루와 절기에 모든 번제를 여호와께 드리되, 괄호?(23:31)

①초막절 ②**안식일** ③나팔절 ④속죄일

93. 나답, 엘르아살, 아비후는 누구의 아들들인가요?(24:1)

①다윗 ②**아론** ③나단 ④르우벤

94. 레위 사람 느다넬의 아들 스마야는 당시에 어떤 일을 맡았나요?(24:6)

①**서기관** ②제사장 ③방백 ④군대 장관

95. 직무에 따라 아론의 아들들이 어디에 들어가서 아론을 도왔나?(24:19)

①왕궁 ②제단 ③**여호와의 성전** ④백성들

96. 장자의 가문과 막내 동생의 가문이 어떠하였나요?(24:31)

①다름 ②**다름이 없음**

③장자가 두 배로 ④막내 동생은 절반

97. 찬송을 맡은 사람과 관련이 없는 사람은 누구인가요?(25:1)

①아삽 ②**십브개** ③헤만 ④여두둔

98. 아삽의 아들들은 왕의 명령을 따라 무엇을 담당하였나요?(25:2)

①수금 ②나팔 ③**신령한 노래** ④비파

99. 여두둔의 지휘 아래 신령한 노래를 한 자들은 무슨 악기를 불었나?(25:3)

①나팔 ②**수금** ③비파 ④제금

100. 다윗 당시 하나님의 말씀을 가진 왕의 선견자는 누구였나요?(25:5)

①아삽 ②**헤만** ③느다냐 ④여두둔

101. 고라의 자손중에 하나님께 큰 복은 받은 사람은 누구인가?(26:1,5)

①**오벧에돔** ②아비람 ③다단 ④아삽

102. 하나님의 전 곳간과 성물 곳간을 맡은 레위 사람은 누구인가?(26:20)

①오벧에돔 ②힐기야 ③스마야 ④**아히야**

103. 슬로못과 그의 형제는 무슨 일을 담당했나요?(26:26)

①성소의 문 ②제단의 도구

③**성물의 곳간 관리** ④왕궁의 문

104. 헤브론 자손 중에서 족보와 종족대로 우두머리가 된 사람은?(26:31)

①**여리야** ②하사바 ③그나냐 ④요압

105. 이스라엘 백성에서 왕을 섬기는 각 가문의 반열은 몇 반열인가?(27:1)

①**12반** ②6반 ③24반 ④4반

106. 이스라엘 백성의 각 반열에서 한 반열의 숫자는 얼마인가요?(27:1)

①**이만 사천 명** ②만 사천 명

③이만 이천 명 ④사만 사천 명

107. 다윗이 인구 조사를 할 때 계수에 넣지 않은 자들은?(27:23)

①노인들 ②**이십 세 이하** ③여자들 ④결혼한 사람들

108. 다음에서 왕의 모사가 아닌 사람은?(27:33-34)

①아비아달 ②여호야다 ③아히도벨 ④**시므이**

109. 성전을 건축할 재료를 준비하였으나 허락되지 않은 사람은?(28:2-3)

①나단 선지자 ②압살롬 ③암논 ④**다윗**

110. 그가 내 ( ) 건축하고 내 여러 뜰을 만들리니, 괄호 안에?(28:6)

①집을 ②**성전을** ③나라를 ④제단을

111. 다윗이 성전의 모든 설계도를 누구에게 주었나요?(28:11)

①**솔로몬** ②대 제사장 ③레위족속 ④브살렐

112. 솔로몬에게 "너는 강하고 담대하게 이 일을 행하라"에서 '이 일'은?(28:20)

①**성전의 건축** ②이스라엘을 다스림

③왕이 되는 것 ④재산의 관리

113. 사람을 위한 것이 아니요 하나님을 위한 것이라고 한 것은?(29:1)

①백성을 다스림 ②**성전의 건축**

③왕궁을 짓는 일 ④왕위에 오름

114. 내 마음이 내 하나님의 성전을 사모하므로라고 고백한 사람은?(29:3)

①솔로몬 ②나단 ③**다윗** ④여호와

115. 주님 앞에서 이방 나그네와 ( )들이라에서 괄호안에 ?(29:15)

①고아 ②과부 ③어린아이 ④**거류민**

116. 그전 이스라엘 모든 왕보다 뛰어나게 해 준 왕은 누구인가?(29:25)

①다윗 ②나단 ③**솔로몬** ④사울

역대하

1. 솔로몬이 온 회중과 함께 간 산당은 어디인가요?(1:3)

①**기브온** ②실로 ③세겜 ④벧엘

2. 놋 제단에 천 마리 희생으로 번제를 드린 사람은 누구인가?(1:6)

①나단 선지자 ②다윗 ③**솔로몬** ④요압

3. 하나님께서 솔로몬에게 약속하신것에 해당되지 않는 것은?(1:12)

①부 ②**장수** ③재물 ④영광

4. 솔로몬이 애굽에서 사들인 병거는 한 대에 은 몇 세겔인가?(1:17)

①**육백 세겔** ②삼백 세겔

③은 1달란트 ④구백 세겔

5. 솔로몬이 자기의 왕위를 위하여 건축하기를 결심한 것은?(2:1)

①**성전** ②무기고 ③궁궐 ④조상의 묘실

6. 성전건축 재료로 레바논에서 온 목재가 아닌 것은 무엇인가(2:8)

①백향목 ②잣나무 ③**싯딤나무** ④백단목

7. 솔로몬이 벌목하는 종들에게 보내는 식량에 해당되지 않는 것은?(2:10)

①**옥수수** ②밀 ③보리 ④포도주

8. 솔로몬이 조사한 153,600명은 누구에 대한 인구조사인가요?(2:17)

①사울의 후손 ②**이스라엘에 사는 이방인**

③레위 자손 ④다윗의 후손

9. 솔로몬이 여호와의 전을 건축한 장소는 예루살렘의 어디인가요?(3:1)

①**모리아 산** ②다윗 성 ③시온 산 ④벧엘

10. 솔로몬이 여호와의 전을 건축한 장소는 오르난의 어디인가요?(3:1)

①곡식 창고 ②**타작 마당** ③뜰 ④바위와 동굴 터

11. 성전의 휘장문을 만들 때 사용되지 않는 색의 실은 무엇인가요?(3:14)

①청색 ②홍색 ③**밤색** ④자색

12. 성전기둥으로 왼쪽에 세워진 기둥의 이름은 무엇인가요?(3:17)

①엘 ②**보아스** ③에벤에셀 ④브니엘

13. 성전의 제단을 만들 때 사용된 재료는 무엇인가요?(4:1)

①금 ②은 ③**놋** ④나무

14. 바다의 가장자리 아래에는 돌아가며 어떤 형상이 있도록 했나요?(4:3)

①**소 형상** ②그룹형상 ③별 형상 ④독수리 형상

15. 성물중에 솥과 부삽과 대접을 만든 사람은 누구인가요?(4:11)

①올람 ②**후람** ③하람 ④히람

16. 지성소의 문과 내전의 문을 무엇으로 입혔나요?(4:22)

①**금** ②은 ③동-놋 ④나무

17. 궤와 회막, 장막 안의 기구들은 누가 메고 올라갔나요?(5:5)

①포로로 잡혀온 자들 ②**제사장**

③자원하는 자들 ④서기관

18. 궤 처소 위에서 날개를 펴서 궤와 그 채를 덮은 것은 무엇인가?(5:8)

①미가엘 ②가브리엘 ③**그룹들** ④루시엘

19. 다음의 레위 사람들 중에서 노래하는 자가 아닌 사람은?(5:12)

①아삽 ②여두둔 ③**요압** ④헤만

20. 제사장들이 있는 하나님의 전에 무엇이 가득했나요?(5:14)

①광채가 ②**영광이** ③그림자가 ④구름이

21. 솔로몬이 주께서 영원히 계실 처소가 어디라고 했나요?(6:2)

①왕궁 ②집 ③**성전** ④이스라엘

22. 여호와의 이름을 두기위해 택한 장소는 어디인가요?(6:6)

①**예루살렘** ②사마리아 ③여리고 ④세겜

23. 하늘이 닫히고 비가 내리지 않는 벌을 받는 이유는 무엇인가?(6:26)

①회개함 ②**범죄함** ③교만함 ④음란함

24. 주는 어느 곳에서 그들의 기도와 간구를 들으시나요?(6:39)

①**하늘** ②이스라엘 ③제단 ④피 뿌려진 땅

25. 솔로몬이 기도하자불이 어디에서 내려와서 제물들을 살랐나?(7:1)

①**하늘에서부터** ②제단에서

③제사장의 손에서 ④등잔대에서

26. 성전의 낙성식을 하면서 며칠 동안 절기를 지켰나요?(7:8)

①사흘 ②**칠일** ③닷새 ④열흘

27. 어디에서 하는 기도에 하나님이 눈을 들고 귀 기울이시나요?(7:15-16)

①왕궁 ②제단 ③이스라엘 ④**성전**

28. 하나님은 누구의 나라를 견고하게 해주시겠다고 하셨나요?(7:18)

①**솔로몬** ②세상의 ③자기 백성 ④이스라엘

29. 여호와의 전과 자기의 궁궐을 몇 년동안 건축하였나?(8:1)

①**이십 년** ②십이 년 ③사십 년 ④이십사 년

30. 솔로몬이 노예로 삼아 일을 시키지 않은 사람은 누구인가요?(8:9)

①아모리 족속 ②**이스라엘 자손**

③헷 족속 ④브리스 족속

31. 솔로몬 왕이 모세의 명령에 지키던 세 절기가 아닌 때는?(8:13)

①무교절 ②칠칠절 ③**수전절** ④초막절

32. 오빌에서 금 사백 오십 달란트를 솔로몬 왕에게 받친 사람은?(8:18)

①브살렐 ②오홀리압 ③히람 ④**후람**

33. 솔로몬의 명성을 듣고 와서 어려운 질문으로 시험한 사람은?(9:1)

①바로 왕 ②모압 왕 ③**스바 여왕** ④앗수르 왕

34. 솔로몬 왕이 노래하는 자들을 위해 무엇으로 수금과 비파를 만들었나?(9:11)

①올리브 나무 ②백향목 ③청단목 ④**백단목**

35. 솔로몬 왕이 천하의 모든 왕들보다 큰 것은 무엇인가?(9:22)

①군사와 무기 ②금과 은 ③명성과 지혜 ④**재산과 지혜**

36. 솔로몬 시대에 예루살렘에서 은을 무엇과 같이 여겼나요?(9:27)

①금 ②동 ③**돌** ④놋

37. 솔로몬 왕의 낯을 피하여 애굽으로 도망해서 지냈던 사람은?(10:2)

①느밧 ②아도니야 ③**여로보암** ④아히야

38. 내 새끼 손가락이 내 아버지의 허리보다 굵다고 말한 왕은?(10:10)

①아사 ②여호사밧 ③므낫세 ④**르호보암**

39. 누가 나는 너희의 멍에를 더욱 무겁게 할지라 라고 했나요?(10:6,11)

①여로보암 ②제사장 ③서기관 ④**로호보암**

40. 이스라엘 자손은 르호보암이 보낸 누구를 돌로 쳐 죽였나요?(10:18)

①왕의 모사 ②**역꾼의 감독 하도람**

③르호보암의 아들 ④젊은 신하들

41. 르호보암이 이스라엘과 싸우려 할 때 전쟁을 말린 사람은?(11:2-4)

①유다 족속 ②**스마야** ③여로보암 ④베냐민 족속

42. 르호보암에게 속한 이스라엘 지파는 유다와 어디 지파인가?(11:12)

①시므온 ②에브라임 ③므낫세 ④**베냐민**

43. 레위인이 여호와께 제사장의 직분을 행하지 못하게 한 자는?(11:14)

①**여로보암** ②아비야 ③요압 ④르호보암

44. 르호보암이 아들들에게 지혜롭게 행한것에 해당되지 않은 것은?(11:23)

①흩어 살게 함 ②**지위를 높임**

③양식을 많이 줌 ④아내를 구해줌

45. 나라가 견고하고 세력이 강해지자 르호보암이 버린 것은?(12:1)

①유다의 전통 ②**여호와의 율법** ③정직 ④조상의 길

46. 르호보암 때 애굽 왕이 예루살렘을 치러 올라온 까닭은?(12:2)

①교만 ②애굽 왕의 욕심 ③**여호와께 범죄** ④어리석음으로

47. 나도 너희를 버려 시삭의 손에 넘기겠다고 예언한 선지자는?(12:5)

①**스마야** ②스가랴 ③히드기야 ④사라갸

48. 여호와를 구하는 마음을 굳게 하지 않았던 유다의 왕은?(12:14)

①여로보암 ②아비야 ③요압 ④**르호보암**

49. 아비야가 유다의 왕이 되어 여로보암과 싸울 때 그의 군사는?(13:3)

①80만 명 ②12만 명

③**40만 명** ④30만 명

50. 르호보암을 대적한 여로보암은 누구의 신하였었나?(13:6)

①다윗 ②르호보암 ③사울 ④**솔로몬**

51. 아비야와의 전쟁에서 이스라엘 병사들은 얼마나 죽었나?(13:17)

①20 만명 ②30 만명 ③40 만명 ④**50 만명**

52. 유다의 어느 왕때 여로보암이 여호와의 치심을 입어 죽었나요?(13:20)

①아사랴 ②여호사밧 ③아사 ④**아비야**

53. 아사가 유다의 왕이 되었을 때, 몇 년 동안을 평안했나요?(14:1)

①한 10년 ②수년 ③**10 년** ④20 년

54. 여호와 보시기에 선과 정의를 행한 유다의 왕은 누구인가요?(14:2)

①**아사** ②바아사 ③아비야 ④벤하닷

55. 여호와께서 평안을 주셔서 견고한 성읍을 건축한 왕은?(14:6)

①벤하닷 ②아비야 ③**아사** ④바아사

56. 힘이 강한 자와 약한 자 사이에는 누가 돕는다고 했나요?(14:11)

①선지자 **②하나님** ③무기 ④강한 자

57. 아사왕 때 하나님의 영이 오뎃의 아들 누구에게 임하셨나요?(15:1)

①시드기야 **②아사랴** ③미가 ④나단

58. 오뎃의 아들 아사랴가 예언한 내용중에 해당되지 않는 것은?(15:3)

①하나님이 안 계심 ② 참신이 없고

③제사장이 없고 ④율법이 잊었고

59. 아사왕이 누구의 예언을 듣고 가증한 물건들을 온 땅에서 없이했나?(15:8)

①스가랴 ②미가 **③아사랴** ④아하시야

60. 일평생 마음이 온전하게 여호와를 섬겼던 왕은 누구인가?(15:17)

①여호사밧 ②요시아 ③요아스 **④아사**

61. 이스라엘 왕 바아사가 유다를 치러 와서 어디를 건축했나요?(16:1)

①라마 ②미스바 ③벧엘 ④게바

62. 아사 왕이 이스라엘을 쫓아내려고 도움을 요청한 나라는?(16:3)

①두로 ②모압 **③아람** ④암몬

63. 여호와의 눈은 온 땅을 두루 감찰하사는 말을 한 선지자는?(16:7,9)

①갓 ②아사 왕의 신하 ③제사장 ④**하나니**

64. 발이 병에 들자 여호와께 구하지 않고 의원을 찾은 왕은?(16:12)

①하나니 ②**아사** ③바아사 ④아비야

65. 유다 왕의 계보중 르호보암→아비야→아사→( ), 괄호 안에?(17:1)

①바아사 ②여로보암 ③**여호사밧** ④시삭

66. 여호사밧에 대한 설명으로 틀린 것은 무엇인가요?(17:4)

①하나님께 구함 ②여호와의 길을 걸음

③계명을 행함 ④**이스라엘 행위를 따름**

67. 그들이 무엇을 가지고 다니면서 유다백성들을 가르쳤나요?(17:9)

①에봇 ②**율법책** ③언약궤 ④왕의 명령

68. 여호와께서 유다 사방의 모든 나라에 무엇을 주셨나요?(17:10)

①**두려움을** ②대적을 ③유다를 미워하는 마음을 ④화평을

69. 여호사밧은 아합 가문과 혼인함으로써 무엇을 맺었나요?(18:1)

①전쟁의 금지 ②산당을 설치함 ③**인척 관계** ④우상을 들여 옴

70. 아합이 아람 사람을 찔러 진멸하리라 하셨다고 말한 자는?(18:10)

①미가야 ②**시드기야** ③여호사밧 ④그나아나

71. 여호와께서 거짓말하는 영을 누구에게 넣으셨나요?(18:22)

①**아합 왕의 선지자들** ②미가야 ③여호사밧 ④아합

72. 오직 이스라엘 왕하고만 싸우라고 명령한 사람은?(18:30)

①아람의 병거 지휘자들 ②여호사밧 ③**아람 왕** ④미가야

73. 여호와의 진노가 여호사밧에게 임할 것을 말한 사람은?(19:2)

①하나니 ②**예후** ③아사랴 ④오뎃

74. 여호사밧이 마음을 기울여 하나님을 찾음이 어떠하다 했나요?(19:3)

①**선한 일** ②복 받을 행동

③하나님께 부족함 ④백성에게 좋은 모범

75. 불의함도 없고 치우침도 없고 뇌물을 받는 일도 없는 분은?(19:7)

①여호람 ②모세 ③여호사밧 ④**여호와**

76. 여호와께 속한 모든 일에는 누가 백성을 다스리도록 했나요?(19:11)

①예후 ②**아마랴** ③여호사밧 ④스바댜

77. 여호사밧 왕 때 유다를 치러 온 연합군에 해당되지 않는 나라는?(20:1)

①마온 사람들　②암몬 자손　③모압 자손　④**갈대아 사람들**

78. 이 전쟁은 하나님께 속한것이라고 말한 선지자는?(20:15)

①아히야　②**야하시엘**　③미가　④시드기야

79. 너희와 함께 한 여호와가 (　　) 것을 보라, 괄호 안에?(20:17)

①**구원하는**　②싸우는　③심판하는　④진노하시는

80. 하나님이 사방에 어떻게 하셔서 여호사밧 때 태평했나요?(20:30)

①주변을 물리치심　②왕을 위하심　③유다를 위하심　④**평강주심**

81. 여호사밧에게 아들들이 많았는데 여호람이 왕이 된 이유는?(21:3)

①**장자라서**　②백성이 원해서

③여호사밧의 마음대로　④전쟁에 능해서

82. 모든 아우들과 이스라엘 방백들 중 몇을 죽인 사람은?(21:4)

①아합　②이세벨　③**여호람**　④여호사밧

83. 여러 산에 산당을 세워 예루살렘 주민을 음행하게 한 자는?(21:11)

①**여호람**　②이세벨　③아합　④에돔 왕

84. 아끼는 자 없이 죽었으며 열왕의 묘실에 두지 않은 사람은?(21:20)

①**여호람** ②아사 ③여호사밧 ④아비야

85. 어머니의 꼬임에 악을 행하였던 유다의 왕은 누구였나요?(22:3)

①아달랴 ②요람 ③**아하시야** ④아합

86. 여호와 보시기에 아합의 집 같이 악을 행한 왕은 누구인가?(22:3-4)

①시드기야 ②요아스 ③하사엘 ④**아하시야**

87. 하나님께서는 예후에 의해서 누구를 심판하셨나요?(22:8)

①**아합의 집** ②아사 왕조

③당시의 유다 제사장 ④아비야

88. 요아스를 왕자들이 죽임을 당하는 중에서 몰래 빼낸 사람은?(22:11)

①예후 ②요람 ③**여호사브앗** ④아사

89. 레위인과 이스라엘 족장들은 누구에 의해서 모이게 됐나요?(23:1-2)

①아하시야 ②**여호야다** ③요람 ④여호사브앗

90. 왕으로 세우는 의식에 해당되지 않는 것은 무엇인가?(23:11)

①면류관 ②율법책 ③기름 부음 ④**일천번제**

91. 자신의 옷을 찢으며 '반역이로다 반역이로다'라고 외친 자는?(23:13)

①여호야다 ②요람 ③**아달랴** ④아마랴

92. 온 백성이 바알의 제단들을 부수고 죽인 제사장은 누구인가?(23:17)

①**맛단** ②랍사게 ③헤개 ④보디베라

93. 제사장 여호야다가 어느 왕에게 두 아내를 맞이하게 하였나요?(24:3)

①아하스 ②**요아스** ③스가랴 ④요시야

94. 여호와의 전에 항상 번제를 드렸던 유다의 왕은 누구인가요?(24:14)

①요람 ②여호사밧 ③아하시야 ④**요아스**

95. 여호와의 전 뜰 안에서 돌로 죽임을 당한 제사장의 아들은?(24:20-21)

①요아스 ②여호야다 ③**스가랴** ④아달랴의 아들들

96. 적은 군대로 왔으나 큰 군대인 유다를 넘겨주신 나라는 어디?(24:24)

①암몬 ②**아람 군대** ③모압 ④블레셋 군대

97. 오직 각 사람은 누구의 죄로 말미암아 죽을 것이라고 하셨나?(25:4)

①**자기의 죄로** ②아버지의 죄로

③어머니의 죄로 ④친척의 죄로

98. 백 달란트를 주고 이스라엘 군대를 부른 유다의 왕은?(25:9)

①**아마샤** ②아사랴 ③요담 ④요아스

99. 아마샤가 담대하게 소금 골짜기에 이르러 죽인 자들은 누구인가?(25:11)

①암몬 사람들 ②**세일 자손**

③모압 사람들 ④이스라엘 군사

100. 예루살렘 성벽을 에브라임 문에서부터 사백규빗을 헐은 왕은?(25:24)

①아사랴 ②**요아스** ③예후 ④아합

101. 자기의 아버지 아마샤를 대신하여 유다 왕위에 오른 사람은?(26:1)

①아사랴 ②**웃시야** ③요람 ④아하스

102. 웃시야는 누가 살아있는 동안에는 하나님을 찾아 형통하였나?(26:5)

①사가랴 ②부흥하게 ③복 되게 ④**스가랴**

103. 매우 강성하여 이름이 애굽 변방까지 이름을 떨친 유다 왕은?(26:8)

①아사랴 ②**웃시야** ③요람 ④아하스

104. 손으로 향로를 잡고 분향하려다가 이마에 나병이 생긴 왕은?(26:19)

①요담 ②아마샤 ③요람 ④**웃시야**

105. 여호와께 정직했지만 여호와의 성전에는 들어가지 않은 왕은?(27:2)

①**요담** ②아마샤 ③요람 ④웃시야

106. 요담왕에게 은 백 달란트와 밀 만 고르와 보리 만 고르를 받친 나라는?(27:5)

①아람 ②블레셋 ③**모압** ④암몬

107. 암몬이 유다와의 전쟁에서 패하자 유다에 어떻게 했나요?(27:5)

①유다의 신하가 됨 ②유다의 포로

③**조공을 바침** ④유다에 종살이

108. 요담이 죽은 후에 왕위에 오른 사람은 누구인가요?(27:9)

①**아하스** ②아마샤 ③요람 ④히스기야

109. 유다의 왕이 되었지만 이스라엘 왕들의 길로 행한 사람은?(28:2)

①히스기야 ②디글랏빌레셀 ③요람 ④**아하스**

110. 여호와께서 아하스를 누구의 손에 넘기셨다 했나요?(28:5)

①암몬 왕 ②**아람 왕** ③이스라엘 왕 ④갈대아 왕

111. 앗수르 왕 디글랏빌레셀이 아하스를 돕지 않고 어떻게 했나?(28:20)

①**유다를 공격함** ②아람과 한 편이 됨 ③조공을 원함

112. 하나님 전의 기구들을 모아 부수고 성전문을 닫은 왕은?(28:24)

①**아하스** ②시드기야 ③아합 ④요담

113. 유다의 왕이 되자 여호와의 전 문들을 열고 수리한 사람은?(29:3)

①아마샤 ②**히스기야** ③아하스 ④요람

114. 첫째 달 초하루에 성전을 성결하게 하여 얼마동안 진행했나?(29:17)

①13일 ②**16일** ③21일 ④24일

115. 왕이 누구를 여호와의 전에 두어서 제금과 비파와 수금을 잡게 했나?(29:25)

①베냐민 ②이방 ③수하의 ④**레위**

116. 제사를 드리는 일이 갑자기 되었으나 왕과 백성들의 마음은?(29:36)

①불평하기도 함 ②**기뻐하다** ③왕에게 순종함 ④힘에 부쳐하다

117. 히스기야가 온 이스라엘과 유다에 사람을 보낸 까닭은?(30:1)

①동맹을 권유 ②전쟁 금지

③**유월절을 지키라고** ④화평하기를 제의

118. 왕과 방백들이 둘째달에 유월절을 지키려 했으나 못한 이유는?(30:2-3)

①**제사장이 부족해서** ②백성들이 듣지 않아서 ③성전이 없어서

119. 이스라엘 백성이 7일 동안 무교절을 지킨 장소는 어디인가?(30:21)

①기드론 시내 ②벧엘 ③실로 ④**예루살렘**

120. 유월절을 지키는 사람들로 말미암아 예루살렘은 어떠했나요?(30:25-26)

①제물의 냄새가 가득함 ②**큰 기쁨이 있음**

③유다와 이스라엘의 불화 ④하나님의 진노가 임함

121. 히스기야가 제사장들과 레위 사람들의 반열을 정한 이유는?(31:2)

①우상숭배 금지 ②**성전에서의 일** ③왕을 위하여 ④공격에 대비

122. 왕이 명령하자 밭의 모든 소산의 ( )을 풍성히 드렸나요?(31:5)

①익은 것 ②제사장에게 드릴 것 ③이익 ④**첫 열매들**

123. 그 남은 것이 이렇게 많이 쌓였나이다 에서 '그'의 의미는?(31:10)

①**백성이 드린 예물** ②제사장들이 가진 것 ③백성의 소출 ④곡식

124. 여호와 보시기에 선과 정의와 진실함으로 행한 왕은 누구인가?(31:20)

①고나냐 ②아사랴 ③**히스기야** ④제사장들

125. 앗수르의 침략으로 성 밖의 모든 물 근원을 막으려 했던 왕은?(32:4)

①웃시야 ②**히스기야** ③여호아하스 ④요람

126. 유다 백성을 주림과 목마름으로 죽게한다고 모함한 사람은?(32:11)

①**산헤립** ②블레셋의 왕 ③바벨론의 방백 ④이사야

127. 병들어 거의 죽게 되자 여호와께 간절히 기도한 왕은?(32:24)

①아마샤 ②여호사밧 ③아몬 ④**히스기야**

128. 기혼의 윗 샘물을 막아 다윗 성 서쪽으로 끌어 들인 사람은?(32:30)

①아하스 ②여호사밧 ③**히스기야** ④요시아

129. 요담→아하스→히스기야→( )의 계보에서 괄호 안에?(33:1)

①웃시야 ②**므낫세** ③여호아하스 ④요람

130. 다음에서 므낫세가 유다 왕이 되어 한 일이 아닌 것은?(33:2-3)

①일월성신 경배 ②산당을 세움

③바알의 제단 쌓음 ④**성전을 수리함**

131. 앗수르 왕의 군대 지휘관들이 와서 누구를 잡아 끌어갔나요?(33:11)

①이사야 ②유다의 대제사장 ③ **므낫세** ④제사장들

132. 그제서야 여호와께서 하나님이신 줄을 알았더라고 말한 사람은?(33:13)

①**므낫세** ②시드기야 ③아하스 ④요담

133. 다음에서 요시야 왕을 설명하는 말이 아닌 것은?(34:1-2)

①정직하게 ②**무기를 갖춤**

③다윗의 길 ④치우치지 않음

134. 요시야는 왕이 된지 몇 년에 나라와 성전을 정결하게 했나요?(34:8)

①**18년** ②12년 ③8년 ④20년

135. 요시야 왕 앞에서 율법책을 읽은 서기관은 누구였나요?(34:18)

①**사반** ②힐기야 ③아히감 ④압돌

136. 살룸의 아내로 요시야 왕 당시에 여 선지자는 누구였나요?(34:22-23)

①드보라 ②**훌다** ③에스더 ④안나

137. 요시야 왕이 유월절 제물로 내 놓은 것이 아닌 것은?(35:7)

①**송아지** ②어린 양 ③어린 염소 ④수소

138. 요시야 당시 하나님의 전을 주장하는 사람이 아닌 사람은?(35:8)

①스가랴 ②힐기야 ③**아삽의 자손** ④여히엘

139. 유다 백성은 유월절을 지키고 이어서 7일간 무엇을 지켰나요?(35:17)

①칠칠절 ②**무교절** ③국경절 ④초막절

140. 요시야가 죽자 그의 죽음을 슬퍼해서 애가를 지은 사람은?(35:25)

①이시야 ②힐기야 ③애굽 왕 느고 ④**예레미야**

141. 애굽 왕은 예루살렘에서 누구의 왕위를 폐하였나요?(36:2-3)

①요시야 ②**여호아하스** ③다윗 ④여로보암

142. 바벨론 왕 느부갓네살에 쇠사슬로 결박되어 잡혀간 왕은?(36:6)

①**여호야김** ②예레미야

③여호아하스 ④힐기야

143. 하나님이 이스라엘 백성을 누구의 손에 넘겼다고 하셨나?(36:17)

①애굽 왕 ②모압 ③**갈대아 왕** ④앗수르

144. 이에 토지가 황폐하여 몇 년 동안을 지냈다고 했나요?(36:21)

①사백 년 ②칠백 년 ③사십 년 ④**칠십 년**

에스라

1. 이스라엘 백성에게 예루살렘 성전을 건축하라고 한 바사 왕은?(1:1)

①**고레스** ②디글랏빌레셀 ③다리오 ④벨사살

2. 고레스는 이스라엘의 하나님이 어디에 계시다고 했나요?(1:3)

①벧엘 ②실로 ③**예루살렘** ④유다

3. 고레스가 유다 총독에게 돌려준 것은 무엇인가요?(1:7-8)

①은,금 패물 ②**성전에서 가져온 그릇**

③성전 건축에 필요한 물건들 ④ 유다의 돈

4. 바벨론에서 돌아 온 유다 총독은 누구였나요?(1:8,11)

①에스라 ②다니엘 ③느헤미야 ④**세스바살**

5. 바벨론 왕 누구의 때에 이스라엘 자손이 잡혀갔나요?(2:1)

①**느부갓네살** ②다리오 ③벨사살 ④고레스

6. 이름을 찾지 못하여 제사장이 올 때까지 지성물을 못 먹는 사람은?(2:61-63)

①레위 자손 ②유다 자손 ③**제사장 자손** ④느디님 자손

7. 여호와의 성전 터를 보고 어떤 족장들이 기쁜 마음으로 취한 행동은?(2:68)

①가축을 드림 ②성전터에서 재단을 쌓음

③찬양을 드림 ④**건축 예물을 드림**

8. 하나님의 전을 건축하려 할때 어떤 마음으로 재물을 드렸나?(2:69)

①**힘 자라는** ②분배를 받은 ③정한 액수 ④재산을 가진

9. 이스라엘자손들이 얼마만에 일제히 예루살렘에 모였나요?(3:1)

①다섯째 달 ②여섯째 달 ③**일곱째 달** ④여덟째 달

10. 정착 후 여호와께 언제부터 번제를 드릴수 있게 되었나요 ?(3:6)

①여섯째 달 초하루 ②**일곱째 달 초하루** ③ 여덟째 달 초하루

11. 예루살렘으로 돌아온 지 얼마 후에 성전 건축을 시작했나요?(3:8)

①1년 첫 달 ②3년 첫 달 ③**2년 둘째 달** ④1년 둘째 달

12. 모든 백성이 여호와의 성전 기초가 놓임을 보고 어떻게 하였나?(3:11)

①축배를 함 ②**즐거워함** ③마음이 상함 ④예물을드림

13. 예루살렘에 살던 유다와 베냐민의 대적들은 성전 건축을 어떻게?(4:1)

①**방해함** ②도와주려 함 ③관심이 없음 ④격려해줌

14. 그들은 건축을 방해하되 유다 백성을 어떻게 했다 했나요?(4:4)

①일을 못하게 함 ②힘이 들게 함 ③**손을 약하게 함** ④두렵게 함

15. 성전의 건축을 막으려고 누구에게 조서를 보내 고발했나요?(4:11)

①벨사살 왕 ②**아닥사스다 왕** ③고레스 왕 ④다리오 왕

16. 거짓된 조서를 받은 아닥삭스다 왕은 어떻게 했나요?(4:23)

①**공사를 그치게 함** ②진상을 조사하게 함

③공사를 계속하게 함 ④공사를 더욱 독려함

17. 유다 사람들에게 성전 건축에 대하여 예언한 두 사람은?(5:1)

①학개, 에스라 ②에스라, 느헤미야 ③**학개, 스가랴** ④학개, 말라기

18. 예언을 듣고 성전을 다시 건축하기 시작한 사람은 누구인가요?(5:2)

①스룹바벨 ②**스룹바벨, 예수아** ③학개, 에스라 ④예수아

19. 그들이 성전 건축을 막지 못하자 다시 누구에게 아뢰었나?(5:5)

①고레스 ②아닥삭스다 ③아하수에로 ④**다리오**

20. 예루살렘 하나님의 성전 지대를 놓게 한 사람은 누구였나요?(5:16)

①에스라 ②**세스바살** ③고레스 ④느헤미야

21. 바벨론으로 옮겼던 하나님의 성전 (　　) 돌려보내어, 괄호 안에?(6:5)

①보물들을　②기구를　③**금, 은 그릇들을**　④물건을

22. 성전을 건축하는 데 소용되는 비용은 누가 부담했다고 했나요?(6:8)

①바벨론 왕　② **국고에서**　③ 제사장들　④예루살렘 주민

23. 사로잡혀 갔다가 돌아온 자손들이 첫째 달 십사일에 지킨것은?(6:19)

①**유월절**　②초막절　③부림절　④수장절

24. 성전의 봉헌식을 마친 후에 이스라엘 자손이 지킨 것은?(6:22)

①유월절　②칠칠절　③**무교절**　④수장절

25. 이 사람은 대제사장 아론의 십육대 손인데, 누구인가요?(7:1,5)

①학개　②**에스라**　③세스바살　④느헤미야

26. 다음에서 에스라와 관련된 것이 아닌 것은?(7:10)

①**율법책의 판매**　②가르치기로 결심

③율례와 규례　④연구하여 준행

27. 하늘의 하나님이 명령하신 것은 삼가 행하라는 누구의 말?(7:23)

①세스바살　②**에스라**　③스가랴　④아닥사스다

28. 하나님이 권세있는 자들 앞에서 은혜를 입게 한 사람은 누구 ?(7:28)

①**에스라** ②느헤미야 ③에스더 ④모르드개

29. 에스라와 함께 바벨론에서 올라 온 족장들 중에 없던 사람은?(8:15)

①다윗의 후손 ②**레위 자손** ③유다 지파 ④성전을 맡을 자

30. 에스라가 아하와 강 가에서 모든 사람에게 선포한 것은 무엇인가?(8:21)

①잔치를 ②예배를 ③회개를 ④**금식을**

31. 에스라가 여호와의 성전을 위해 금을 몇 달란트를 주었나?(8:26)

①50 달란트 ②**100 달란트** ③600 달란트 ④650 달란트

32. 여호와의 성전에서 은과 금을 달아 줄 때 해당되지 않는 사람은?(8:33)

①엘르아살 ②**학개,스가랴** ③요사밧 ④노아댜

33. 방백들과 고관들이 이 죄에 더욱 으뜸이 되었다에서 이 죄는?(9:2)

①**가증한 이들과의 결혼** ②이방인들과 섞여 지냄

③우상숭배에 참여 ④우상의 재물을 먹음

34. 에스라가 겉옷과 속옷을 찢고 머리털과 수염을 뜯은 이유는?(9:1-3)

①**이방인과 결혼** ②이자놀이 ③종을 삼음 ④안식일을 범함

35. 우리를 그 거룩한 처소에 무엇과 같게 하셨다고 했나요?(9:8)

①영광 ②**박힌 못** ③아름다움 ④드려짐

36. 우리가 어찌 다시 주의 계명을 거역하고에서 '우리'는?(9:14)

①이방인들 ②모든 사람

③이스라엘 자손 ④**포로에서 돌아온 사람들**

37. 이방인 아내를 돌려보내는 것에 반대하지 않고 찬성한 사람은?(10:2)

①디과 ②**스가냐** ③야스아 ④삽브대

38. 이방인 아내를 맞이했던 제사장들이 속건제로 드린 제물은?(10:18-19)

①젖 뗀 암소 ②**숫양 한 마리** ③염소 ④송아지

39. 레위 사람 중에서 이방인 아내를 내보낸 사람은 모두 몇 명인가?(10:23)

①5명 ②4명 ③**6명** ④7명

40. 노래하는 자 중에서 이방인 아내를 내보낸 사람은?(10:24)

①**엘리아십** ②브나야 ③맛다냐 ④여히엘

느헤미야

1. 아닥삭스다왕 때 느헤미야는 어디에서 지내고 있었나요?(1:1)

①바벨론 궁 ②헤롯 궁 ③**수산 궁** ④아방 궁

2. 예루살렘 성이 허물어진 소식을 듣고 수일동안 슬퍼한 사람은?(1:3-4)

①하냐냐 ②모르드개 ③헤개 ④**느헤미야**

3. 주를 향하여 크게 악을 행하여 범죄한 사람들은 누구인가(1:5-6)

①**이스라엘 자손** ②유다사람 ③세상 사람들 ④바벨론 민족

4. 아닥삭스다 왕 때 왕의 술관원이 된 사람은 누구인가요?(1:11)

①하나니 ②에스라 ③스가랴 ④**느헤미야**

5. 느헤미야가 아닥사스다 왕에게 요청한 것은 무엇이었나요?(2:5)

①**예루살렘 성의 건축** ②가족을 보고 옴 ③고향 친구들 만남

6. 성전에 속한 영문의 문과 성곽, 집을 위하여 요청한 것은?(2:8)

①건축을 세울 돌 ②일꾼들

③**들보로 쓸 재목** ④건축에 드는 비용

7. 산발랏과 도비야는 누구로 말미암아 근심했나요?(2:10)

①에스라 ②**느헤미야** ③스가랴 ④이스라엘 자손

8. 밤에 시내를 따라 올라가서 성벽을 살펴본 사람은 누구인가요?(2:11,15)

①학개 ②**느헤미야** ③세스바살 ④에스라

9. 양문을 건축하여 성별하고 문짝을 단 사람은 누구인가요?(3:1)

①에스라 ②학개 ③**엘리아십** ④스가랴

10. 당시에 이스라엘 자손의 대제사장은 누구였나요?(3:1)

①**엘리아십** ②학개 ③스룹바벨 ④에스라

11. 벧학게렘 지방을 다스리는 레갑의 아들 말기야가 중수한 문은?(3:14)

①어문 ②샘문 ③마문 ④**분문**

12. 성 모퉁이 성루에서 양문까지는 누가 중수했나요?(3:32)

①제사장들 ②**금장색, 상인들**

③레위 사람들 ④총독과 형제들

13. 이스라엘 자손이 예루살렘 성을 건축할 때 크게 분노한 자는?(4:1)

①에스라 ②**산발랏** ③도비야 ④맛디댜

14. 예루살렘을 치고 요란하게 할 것을 모의한 사람이 아닌 자는?(4:7-8)

①도비야 ②암몬 사람들 ③**갈대아 사람들** ④아스돗 사람들

15. 이스라엘 자손들이 건축 현장을 지키는데 사용한 것이 아닌것은?(4:13)

①**곡괭이** ②칼 ③창 ④활

16. 각각 허리에 칼을 차고 일한 사람들은 누구인가요?(4:18)

①감독자들 ②**건축하는 자** ③제사장들 ④각 지파의 족장들

17. 형제에게 높은 이자를 취한 사람들은 누구인가요?(5:7)

①돌아온 사람들 ②유다 사람들 ③제사장들 ④**귀족들**

18. 느헤미야는 귀족들과 민장들에게 무엇을 그치자고 했나요?(5:10)

①돈을 빌려줌 ②담보를 받음 ③종을 삼음 ④**이자를 받음**

19. 유다의 총독으로 있는 동안에 총독의 녹을 받지 않은 사람은?(5:14)

①**느헤미야** ②세스바살 ③하나니 ④스가랴

20. 느헤미야가 총독의 녹을 받지 않은 이유는 무엇인가요?(5:18)

①나라에서 받음 ②많은 재산이 있어서

③**백성의 짐을 덜기위해** ④ 권위를 세우기 위해

21. 산발랏과 게셈이 느헤미야를 만나서 그를 어떻게 하려 했나요?(6:2)

①대화를 하려 함 ②성벽 공사를 의논 ③**해하려 함** ④도와주려 함

22. 유다 사람들과 모반하여 왕이 되려한다고 거짓말을 한 사람은?(6:6)

①**가스무** ②산발랏 ③도비야 ④게셈

23. 도비야와 산발랏에게 뇌물을 받고 느헤미야에게 예언한 자는?(6:10,12)

①가스무 ②게셈 ③**스마야** ④산발랏

24. 느헤미야에게 편지하여 그를 두렵게 하려 한 사람은 누구인가?(6:19)

①베레갸 ②학개 ③스마야 ④**도비야**

25. 예루살렘의 성벽이 건축되자 이어서 한 일은 무엇인가요?(7:1)

①이름을 새김 ②**문짝을 달다**

③머릿돌을 세움 ④잔치를 열다

26. 당시에 하나님을 경외함이 무리 중에서 뛰어난 사람은 누구인가?(7:2)

①**하나냐** ②사독 ③하나니 ④스마야

27. 예루살렘과 유다로 돌아온 이스라엘 자손의 합계는 얼마인가요?(7:6,66)

①423,600명 ②36.042명 ③7.337명 ④**42.360명**

28 금 천 드라크마와 대접 오십, 제사장의 의복을 드린 사람은?(7:70)

①다리오 ②**총독** ③아닥사스다 ④하나냐

29. 수문 앞 광장에 모인 백성에게 율법책을 읽어준 사람은?(8:1-3)

①느헤미야 ②**에스라** ③스가랴 ④학개

30. 당시에 에스라는 어떤 사람이었나요?(8:2)

①**학사겸 제사장** ②총독겸 제사장 ③서기관 ④족장

31. 에스아가 여호와를 송축하자 모든 백성이 손을 들고 외친 말은?(8:6)

①할렐루야 ②여호와께 영광

③여호와를 송축하라 ④**아멘 아멘**

32. 백성이 율법의 말씀을 듣고서 나타난 반응은 어떻했나요?(8:9)

①만족해하다 ②크게 웃었다 ③**울었다** ④외면하다

33. 자기의 죄와 조상들의 허물을 ( )하고, 괄호 안에 들어갈 말은?(9:2)

①**자복** ②용서 ③저주 ④아파

34. 모세를 통하여 알려 주신 것에 해당되지 않는 것은?(9:14)

①계명 ②**전통** ③율례 ④규례

35. 주는 은혜로우시고 (   ) 여기시는 하나님이시다에 들어갈 말은?(9:31)

①**불쌍히** ②측은히 ③애처로히 ④안스럽게

36. 방백들, 레위 사람들, 제사장들이 인봉한 것은 무엇인가요?(9:38)

①**언약을 세워 기록한 것** ②느헤미야의 명령 ③모세의 율법

37. 이 땅 백성에게 주지 않기로 맹세한 것은 무엇인가요?(10:30)

①자녀를 ②이름을 ③**딸들을** ④재산을

38. 일곱째 해마다 땅을 쉬게 하고 무엇을 하겠다고 했나요?(10:31)

①이웃을 용서함 ②서로 얼싸안음

③곡식을 나눔 ④**모든 빚을 탕감**

39. 각종 과목의 첫 열매를 여호와께 언제 드리기로 했나요?(10:35)

①달마다 ②**해마다** ③날마다 ④주마다

40. 우리 산물의 십일조를 누구에게 주리라고 했나요?(10:37)

①**레위 사람들** ②느헤미야 ③바벨론의 왕 ④대제사장

41. 이스라엘 자손들 중에서 예루살렘에 거주한 비율은 얼마인가요?(11:1)

①삼분의 일 ②**십분의 일** ③제사장의 가족 ④오분의 일

42. 이스라엘 백성의 지도자들이 거주하여 산 곳은 어디인가요?(11:1)

①**예루살렘** ②벧엘 ③여리고 ④이스라엘 각 성읍

43. 예루살렘에 거주하는 레위 사람들의 감독이 된 사람은?(11:22)

①브다히야 ②기스바 ③시하 ④**웃시**

44. 당시에 왕의 수하에서 백성의 일을 다스렸던 사람은?(11:24)

①**브다히야** ②웃시 ③시하 ④맛다냐

45. 레위 자손의 족장들은 누구의 때까지 역대지략에 기록되었나?(12:23)

①엘리아십 ②**요하난** ③에스라 ④아비야

46. 성벽을 봉헌할 때 각처에서 찾아 예루살렘으로 데려온 자는?(12:27)

①시므온 지파 ②요셉 지파

③다윗 왕의 후손 ④**레위 사람들**

47. 감사의 찬송을 부르는 두 무리가 선 곳은 어디인가요?(12:40)

①예루살렘 ②성가대 ③**하나님의 전** ④성벽

48. 제사장과 레위인들이 하나님을 섬기는 일과 함께 했던 일은?(12:45)

①**결례의 일** ②재물 분배 ③인구조사 ④헌금관리

49. 영원히 하나님의 총회에 들어오지 못하게 한 사람들은?(13:1)

①블레셋, 암몬 사람들 ②가나안, 헷 사람들

③**암몬, 모압 사람들** ④애굽, 모압 사람들

50. 거제물을 두는 방을 도비야를 위해 큰 방을 만들어 준 사람은?(13:4)

①엘리멜렉 ②**엘리아십** ③엘리야 ④멜기세덱

51. 도비야의 세간을 다 집어 던지고 그 방을 정결하게 한 사람은?(13:8-9)

①학개 ②하나니 ③**느헤미야** ④에스라

52. 대 제사장 집의 가문으로 호론 사람 산발랏의 사위가 된 사람은 ?(13:28)

①**하나** ②요야다 ③가스무 ④게셈

에스더

1. 인도로부터 구스까지 백이십칠 지방을 다스리는 왕 누구인가?(1:1)

①아닥사스다 ②**아하수에로** ③고넬료 ④다리오

2. 왕이 풍부하였으므로 무엇을 한 없이 내 주었나요?(1:7)

①**어주** ②사례 ③포도주 ④열매

3. 왕의 명령을 따르기를 싫어했던 왕후는 누구였나요?(1:12)

①아비가일 ②들릴라 ③**와스디** ④에스더

4. 자기 민족의 언어로 말하게 하라는 누가 내린 명령인가요?(1:21-22)

①아닥사스다 ②**아하수에로**

③고넬료 ④다리오

5. 베냐민 자손으로 당시에 수산 성에 살던 유다인은 누구인가?(2:5)

①하만 ②하르보나 ③**모르드개** ④헤개

6. 헤개가 이 처녀를 좋게 보고 은혜를 베풀어에서 이 처녀는?(2:8-9)

①**에스더** ②들릴라 ③아비가일 ④와스디

7. 아하수에로왕이 모든 여자보다 누구를 더 사랑하였나?(2:16-17)

①시녀 ②**에스더** ③와스디 ④왕후

8. 왕의 내시 빅단과 데레스 두 사람이 죽이려 한 사람은 누구인가요?(2:21)

①아비하일 ②하만 ③모르드개 ④**아하수에로 왕**

9. 아하수에로 왕이 지위를 높여 준 아각 사람은 누구인가요?(3:1)

①**하만** ②헤개 ③모르드개 ④하르보나

10. 왕의 신하들이 하만에게 꿇어 절하되 절하지 않은 사람은?(3:2)

①하닷사 ②헤개 ③**모르드개** ④하르보나

11. 온 나라에 있는 모르드개의 민족을 다 멸하고자 한 사람은?(3:6)

①궁중의 신하 ②**하만**

③아하수에로 왕 ④하르보나

12. 하만이 유다인을 멸하기 위해 얼마의 돈을 내 놓는다고 하였나?(3:9)

①**은 만달란트** ②금 만달란트 ③은 오만달란트 ④금 오만달라트

13. 누가 옷을 찢고 굵은 베 옷을 입고 재를 뒤집어쓰고 통곡하였나?(4:1)

①하닷사 ②헤개 ③**모르드개** ④하르보나

14. 모르드개는 유다인을 진멸하라는 조서 초본을 누구에게 보여주었나?(4:8)

①**에스더**　②헤개　③하만　④수산 성의 유다인들

15. 홀로 목숨을 건지리라 생각하지 말라는 누가 누구에게 한말인가?(4:13)

①하만, 에스더　②헤개, 에스더

③하만, 모르드개　④**모르드개, 에스더**

16. 에스더가 밤낮 금식한 후에 무엇을 깨고 왕 앞에 나아간다고 하였나?(4:16)

①**규례를**　②조서를　③왕의 명을　④예법을

17. 규례를 깨고 왕 앞에 나온 에스더에게 왕이 내민 것은 무엇인가?(5:2)

①지팡이　②**금 규**　③보석　④왕의 조서

18. 에스더가 왕을 위하여 잔치를 베풀면서 함께 초청한 사람은?(5:4)

①**하만**　②하닥　③모르드개와　④헤개

19. 그대의 소청이 무엇이뇨 곧 허락하겠노라는 누구의 말인가?(5:6)

①하만　②**아하수에로**　③내시　④하닥

20. 하만은 왕에게 누구를 나무에 매달기를 구하려고 했나요?(5:14)

①에스더　②헤개　③왕후　④**모르드개**

21. 왕복과 말을 가져다가 모르드개에게 입힌 사람은 누구인가?(6:11)

①하닥 ②에스더 ③헤개 ④**하만**

22. 왕복을 입은 모르드개를 보고 번뇌하여 급히 집으로 간 사람은?(6:12)

①**하만** ②하닥 ③모르드개 ④헤개

23. 하만의 아내의 이름은 누구인가요?(6:13)

①에스더 ②아비가일 ③룻 ④**세레스**

24. 당신이 그 앞에서 굴욕을 당하기 시작하였으니에서 '그'는?(6:13)

①**하만** ②하닥 ③모르드개 ④헤개

25. 내 요구대로 내 민족을 내게 주소서는 누가, 누구에게 한말인가?(7:3)

①모르드개, 하만 ②**에스더, 아하수에로**

③에스더, 하만 ④하만, 하닥

26. 에스더는 왕앞에 악한 대적과 원수는 누구라고 하였나요?(7:5-6)

①**하만** ②헤개 ③하닥 ④와스디

27. 하만은 누구에게 살려달라고 자기의 생명을 구했나요?(7:7)

①와스디 ②하르보나 ③**에스더** ④모르드개

28. 모르드개를 매달려고 했던 나무에 누가 매달리게 되었나요?(7:10)

①모르드개 ②**하만** ③세레스 ④하닥

29. 왕은 유다인의 대적 하만의 집을 누구에게 주었나요?(8:1)

①헤개 ②하르보나 ③모르드개 ④**왕후 에스더**

30. 하만에게서 거둔 반지는 누구의 것이 되었나요?(8:2)

①에스더 ②하르보나 ③**모르드개** ④하닥

31. 그 날에 대적에게 원수를 갚게 한지라에서 그 날에 언제?(8:12-13)

①1월 1일 ②**12월 13일** ③1월 13일 ④12월 1일

32 영광과 즐거움과 기쁨과 존귀함이 누구에게 있다고 했나요?(8:16)

①**유다인** ②아각인 ③구스인 ④인도인

33. 왕궁에서 존귀하여 점점 창대하게 된 사람은 누구인가요?(9:4)

①아하수에로 왕 ②에스더

③**모르드개** ④하르보나

34. 유다인이 대적들을 진멸할 때 누구의 열 아들을 죽였나요?(9:10)

①**하만** ②바산다다 ③하만의 부하 ④하만의 친구

35. 모르드개가 한 규례를 세워 해마다 지키게 한 달은?(9:21)

①**아달월** ②아빕월 ③티쉬리월 ④니산월

36. 무리가 부르의 이름을 따라 이 두 날을 무어라고 불렀나?(9:26)

①유월절 ②**부림절**

③초막절 ④수전절

37. 본토와 섬들은 누구에게 조공을 바쳤나요?(10:1)

①모르드개 ②헤개 ③**아하수에로 왕** ④하르보나

38. 모르드개를 높여 존귀하게 한 사적이 어디에 기록되었나요?(10:2)

①**메대와 바사 왕들의 일기** ②열왕기하 ③역대하 ④욥기

39. 아하수에로 왕의 다음 자리에까지 오른 사람은?(10:3)

①에스더 ②하르보나 ③**모르드개** ④하닥

40. 모르드개는 그의 모든 종족을 (　　)하였더라?(10:3)

①**안위** ②사랑 ③존경 ④봉사